잃어버린 우산

이농무 수필집

교음사

| 책 머리에 |

세 번째 수필집을 상재합니다.

이제 겨우 문리가 트인 듯하여 좀 더 깊이 있는 글이 쓰고 싶었으나 철들자 망령이라고 이제는 몸이 이를 따르지 못합니다.

돌이켜 보면 등단한 지 30여 년 게으름을 부린 듯합니다. 그러나 병마와 싸우며 수필 쓰기는 나의 희망이었으며 내가 할 수 있는 유일한 일이기도 했습니다.

작가가 독자보다 많다는 현실에서 행여 누가 될까 망설이기도 했습니다. 이 책이 나의 마지막 수필집이 될지 모르겠습니다.

이민호 선생님과 『수필문학』 강병욱 대표님의 협조로 '한국예술인복지재단' 창작지원금을 받게 되어 이 책을 출간하게 되었습니다. 두 분께 진심으로 감사드립니다.

아울러 작품 합평 때마다 선후배를 불문하고 날카로운 지적에 쓴소리를 마다하지 않던 운현수필 동인들에게도 고마운 마음을 전합니다.

2020년 7월 저자 이농무

| 이농무 수필집 |

잃어버린 우산

- 차 례
- 책 머리에

1. 잃어버린 우산

기다리는 마음 … 16
동정을 달며 … 21
잃어버린 우산 … 25
눈 내리는 달밤 … 31
남근목을 바라보며 … 36
캐나다 록키에서 … 41
소리들 … 48
토란국 친구 … 53
그 새 소리 … 57
백일초 … 62

2. 벽

파도에 휩쓸리다 … 68

벽 … 73

그 건널목의 자야 … 78

껍데기가 모이는 곳 … 83

너를 보낸다 … 88

뻐꾸기 둥지로 쫓겨난 새 … 93

우정의 한계 … 99

하루 또 하루 … 104

괴발개발 … 109

가고 싶다 … 114

3. 내 인생의 복수초

꿈꾸는 여행 … 120
내 방황을 잠들게 하다 … 124
내 인생의 복수초 … 129
두 송이 흰 동백꽃 … 134
뜻밖의 수상 … 140
말을 할까 말까 … 142
빈대떡과 동동주 … 147
꿈을 담다 … 152
식탁에 모인 사람들 … 156
유칼립투스 … 161

4. 그때는

K 선생님 … 168

그때는 … 172

글벗 … 177

꽃다발 … 181

헛꽃 … 184

두 얼굴 … 187

엇나간 뿌리 … 190

경무 언니에게 … 195

창무 오빠에게 … 198

수필 소재 선택에 대한 소고(小考) … 201

1

잃어버린 우산

- 기다리는 마음
- 동정을 달며
- 잃어버린 우산
- 눈 내리는 달밤
- 남근목을 바라보며
- 캐나다 록키에서
- 소리들
- 토란국 친구
- 그 새 소리
- 백일초

기다리는 마음

막내가 캐나다에서 와서 두어 달 있다가 갔다. 무엇이 그리 바쁜지 항상 밤이 깊어야 돌아온다. 거실에 불을 켜놓고 기다린다. 깜박 잠이 들었다가 훤하게 켜진 불을 보며 소스라치게 놀라 깬다. 아직 돌아오지 않은 것이다. 새벽녘이다. 불현듯 남편을 기다리던 생각이 떠오른다.

자정이 지나도록 기다리다 지쳐 이제 막 잠이 들려는 순간이다. 조용히 현관문 닫히는 소리, 살금살금 고양이 걸음으로 거실 바닥 걷는 소리, 남편이 들어오는 기척이다. 일어나 남편을 맞이할까 말까 잠시 망설인다. 지금 일어나면 오늘 밤, 잠은 다시 오지 않을 터, 남편이 집에 들어 왔으니 안심하고 잠을 청해야겠다며 돌아눕는다.

신혼 초, 단칸 셋방에서부터 친정어머니를 평생 모시고 살았다. 젊어서는 늦게 들어오는 남편으로 해서 애태우며 속도 많이 끓였다. 그래도 남편이 내 어머니에게 잘해주는 것이 고마워 크게 한 번 싸우지도 못하고 애만 태웠다. 어머니가 돌아가시고 나서도 그는 여전히 밤이 깊어야 돌아왔다.

때로는 저녁을 안 먹고 기다리기도 하고 정류장에 나가서 기다리기도 했으나 여전했다. 그러다 보니 나도 짜증을 냈고 그럴수록 둘의 틈만 더 벌어지는 것 같았다. 어차피 늦게 오는 사람 기다리며 애태우면 속만 더 상하니 그러려니 하며 살자고 마음을 달랬다.

초저녁잠이 유난히 많은 나는 저녁 10시가 넘도록 잠자리에 들지 못해 잠이 덧들면 밤을 꼬빡 새우기 일쑤였다. 옆에서 밤새도록 잠 못 이루는 나를 보며 안타까워하면서도 그는 여전히 밤늦게 들어왔다.

사람 좋아하는 남편은 집보다는 친구들과 어울리기를 더

좋아했다. 나이 들어가면서 기다리지 말고 먼저 자라는 남편의 권유도 있고, 기다리다 보면 짜증도 나니 먼저 잠을 청하려고도 했다. 어쩌다 잠든 척하고 있다가 나를 깨우지 않으려고 도둑고양이처럼 들어오는 모습을 보면 화가 나기는커녕 쿡 하고 웃음이 먼저 터져버렸다. 세월의 덕인가 보다.

"여자들은 남편이 저녁을 집에서 먹지 않으면 좋아한다며?" 너스레를 떨면서 늦게 들어오는 것을 정당화시키려 했다.

그가 정년퇴직을 하면 나는 매일 밖에 나가, 집에 혼자 있게 하자고 벼르기도 했다. 막상 퇴직을 하니 이제는 일요일도 없다. '늦게 배운 도둑 날 새는 줄 모른다.'더니 골프에 빠져 도낏자루 썩는 줄 모른다. 매일 골프연습장에서 살았다. 어머니도 안 계시니 남편보다 더 늦게 들어와, 남편이 나를 기다리게 해 보고 싶었다. 그러나 노는 것에는 영 서툰 나는 어디 가서 자정까지 시간 보낼 데가 없다. 어려서부터 해가 지면 집 밖은 못 나가는 것으로 알고 자라서인지 영 엄두를 내지 못했다.

근년에는 그래도 저녁 10시까지는 귀가하려고 애를 썼다. 내가 저녁에 샤워하려고 화장실에 가면 마침 그때 들어오면서 "왜 내가 오는 시간에 맞춰 샤워를 하지?" 하며 빙그레 웃었다.

7년여를 직장 관계로 주말부부가 되기도 했다. 평생을 밤에 잠자리에 드는 시간 외에 함께 보낸 시간이 별로 없다. 세상은 공평한 것이라 믿었다. 남은 세월, 다른 사람보다 더 오랫동안 함께 해, 잃어버린 지난 시간을 보상받고 싶었다. 그런데 어느 날 갑자기 그가 내 곁을 떠났다.

기다리다 지쳐 애태우던 시간도 지나갔다. 휴일도 없이 나가 밤늦게 돌아와도 건강이 허락해 주는 것만 고마워했다. 이제는 기다리고 싶어도 기다릴 사람이 없다.

그가 떠난 후, 그가 돌아올 시간이 되면 발자국 소리가 들리는 것 같아 귀 기울이기도 한다. 밤이면 그가 돌아와 옆에 누운 것 같아 자다가도 깜짝 놀라 깨곤 한다.

초저녁부터 현관문을 겹겹이 잠근다. 평생을 기다리기만 하며 살았다. 기다림에 피를 말리던 시절, 언제나 기다리지 않고 마음 편히 살아볼까 싶기도 했다. 그런데 이젠 저녁이 되어도 기다릴 사람이 없다. '기다릴 사람이 없다.'는 것이 이토록 맥 빠지고 살맛나지 않게 할 줄 몰랐다. 기다리는 마음에는 내일이 있었던 것이다.

　막내아들을 기다린다. 그는 몇 달 후, 다시 만날 수 있다. 남편은 다시는 만날 수 없다. 그를 기다리는 마음도 가질 수 없다. 기다림은 꿈이요, 희망이었던 것을….

동정을 달며

　남편의 저고리 동정을 달고 있다. 그가 내 곁을 영영 떠난 지 7년, 입을 사람도 없는 저고리 동정을 다는 것이다. 그의 칠순 때 새로 장만한 한복이다. 설날 외에는 입을 일이 별로 없던 한복이다. 더구나 내가 몇 년간 병원에 드나들다 보니 명절에도 입지 않아, 미처 정도 떼지 않은 옷이다. 몇 해가 지나니 입은 자국이 찌들어 두루마기와 마고자는 드라이클리닝을 주고 바지저고리는 물빨래를 했다.
　지난 한때, 여름에는 풀을 빳빳하게 먹여, 올을 세워 다린 모시 한복을 집에서도 자주 입었다. 겨울

한철, 명절에나 직장에 나가지 않을 때도 한복을 애용하던 사람이다.

더구나 그가 화투를 즐기던 시절, 양복보다 한복이 앉아서 놀기 편해서인지 겨울에는 한복을 즐겨 입었다. 그가 떠난 후, 그의 옷을 박스에 정리해 '아름다운 가게'로 보냈다. 그때, 차마 다 보내지 못하고 양복, 한복 한 벌씩은 남겨 두었던 것이다.

운전할 때 끼던 그의 얇은 가죽장갑은 겨울마다 내가 애용한다. 남편의 옷에서는 아직도 그의 체취를 느낄 수 있다.

「글루미 선데이」라는 영화를 본 일이 있다.

부다페스트의 한 레스토랑, 미모의 여종업원인 일로나는 주인인 라즐로와 깊은 관계를 갖는다. 일로나의 생일날, 피아니스트 안드라스는 일로나를 위해 글루미 선데이라는 곡을 작곡해 바친다. 라즐로가 '안드라스는 일로나에게 반했나 보다'고 말하자, 일로나는 자신도 좀 그런 것 같다고 한다. 라즐로는 선택은 자유라고, 자기는 신경 쓰지 말라고 한다. 그러나 막상 일로나가 안드라스와 그날 밤 함께 보내고 다음 날 아침 같이 꽃을 사는 광경을 목격하자, 라즐로가 흥분을 감추지 못하며 안드라스에게 거칠게 대한다. 그리고 안드라스는 라즐로에게 어떤 결정을 내리라고 다그친다.

"일로나와 4년간 알아오면서 점차 알게 된 것이 있어. 누구나 모두 좋아할 수 있다. 육체를… 정신을…, 뭔가 당신을 채워주는 것을…, 갈망하는 것을…, 일로나가 바로 그런 여자야. 일로나를 완전히 잃느니 한 부분이라도 갖겠어."라고 한다.

얼마나 사랑하면 그 여자의 일부분이라도 갖겠다고 할까. 이것이 진정 현명한 사랑의 선택일까. 아니면 세상 문리를 터득한 사람의 기발한 선택일까. 라즐로의 말이 아직도 내 가슴에 충격으로 남아있다.

신혼 초, 단칸 셋방에서부터 친정어머니를 모시고 살았다. 때때로 시어머님과 조카 등 드나드는 식구가 많다 보니 단둘만의 시간 갖기가 쉽지 않았다. 남편도 밖의 시간을 많이 갖는 사람이다. 그러기에 여행만은 남편과 단둘이 가기를 원했다. 남편과 함께하는 그 시간만은 오로지 나만을 위한 시간이기를 바랐다.

아이들이랑 집안 걱정은 모두 잊고 나만의 시간, 우리만의 완전한 시간을 고집했다. 지금 생각해 보면, 얼마나 철없는 생각이었는지? 그건 사랑이 아니라 집착이 아니었을까 싶다. 그이는 또 얼마나 피곤했을까. 그러나 그건 그와 나 단둘의 시간에서만 적용되고 집에 돌아와서는 그의 늦은 귀가를 그러려니 하며 살았다.

내가 만일 라즐로의 입장이었다면 절대로 그럴 수 없을 것이다. 그를 잃고 피눈물을 흘릴지라도 그의 일부분만 차지하고 살 수는 없다고 생각한다. 그 영화를 보는 내내 '전부(全部)냐, 무(無)냐?'를 주장하는 철없는 아내를 다독이며 사노라 힘들었을 남편 생각에 남몰래 눈시울을 적셨다.

저고리 동정을 다 달았다. 옥색 바지저고리에 자주색 조끼와 마고자, 진회색 두루마기, 언젠가 그가 와서 다시 입을 것만 같아 정성을 다해 손질해 놓았다. 미망(迷妄)이라고 해도 할 수 없다. 사람이 이성(理性)적 사고(思考)로만 살 수는 없지 않은가.

지금이라도 불쑥 나타날 것만 같은 그이! 저고리 동정을 어루만지는 내 손길 위로 그의 미소가 어린다.

잃어버린 우산

며칠 전, 외출했다 돌아오는 길이었다.

택시를 탄 김에 한의원을 들러 오기로 했다. 침을 맞고 나오니 밖은 비가 내리고 있다. 밤부터 비가 올 것이라는 뉴스만 믿고 우산 준비도 하지 않았다. 택시를 부르기 30여 분, 너무 가까운 거리가 되어 오지 않는 것 같다. 한의원에서 우산을 빌려 어깨에 걸치고 양팔로 실버카를 밀고 걷기 시작했다. 보통 사람의 걸음으로 10여 분 거리를, 미끄러질까 조심조심 걷다 보니 1시간이 훌쩍 지나서야 집에 도착했다.

남편을 떠나보낸 지 10여 년 이젠 그런대로 적응해 살아간 다고 생각했다. 그런데 주위에 도움을 청할 아무도 없다는 막막함, 이 절절한 고독감이 몸조차 추스를 수 없어 집에 오자 쓰러지고 말았다.

동창 모임에서 1개월에 한 번은 전국 유명산 순례를 다녔다. 나도 건강할 때엔 동참하기도 했는데, 남편은 갑자기 비가 오는 날이면 우산을 갖고 지하철 출구에서 나를 기다리곤 했다. 그때엔 당연하게 받아들였던 일이 이렇게 사무치게 그리울 줄이야….

20대 초 지인의 소개로 그를 만났다. 6년 연상의 그는 마음씨 착한 이웃 아저씨 같은 느낌이었다. 만나면 그의 유머러스한 분위기에 빠져 그저 재미있을 뿐, 다른 감정은 없었다. 결혼 상대로는 전혀 생각하지 않았다. 그러나 그는 나를 특별하게 생각하는 것 같았다. 자주 만나다 보니 나도 그가 차츰 좋아졌다.

대학 입학 후, 난생처음 새빨간 양산을 샀다. 우산도 양산도 귀하던 50년대 후반이었다. 빨간 양산이 밋밋해서 양산 폭마다 끝자락에 보랏빛 구절초 꽃을 수놓아 세상에 하나밖에 없는 나만의 것을 만들었다. 오랫동안 애지중지 가방에 넣고 다니며 애용했다.

어느 여름날 강의실에서 창밖을 내다보니 주룩주룩 비가 내리고 있었다. 그때야 문득 양산 생각이 났다. 처음부터 양산보다는 우산에 우위를 두고 구입해서일까. 화장도 안 하고 따가운 햇볕도 개의치 않는 성격이어서인지 그간 비가 오지 않아 까맣게 잊고 지냈던 모양이다. 그와 만날 약속이 있던 날, 시간에 쫓겨 버스에 두고 내린 것 같다. 아끼던 물건을 잃은 줄도 모를 만큼 나는 어느새 그에게 깊이 빠져들고 있었나 보다.

그가 모처럼 우리 집에 오던 날, 오빠와 마주치게 되었다. 4살 연상의 오빠 앞에 그는 석고대죄하듯 두 무릎 꿇고 앉아 훈계를 듣게 되었다. 항상 모범생으로만 생각했던 누이동생이 공부는 소홀히 하고 남학생과 어울리는 것을 결코 용납할 수 없었던 오빠의 완강한 반대에 부딪치게 된 것이다. 아버지를 일찍 여읜 내게 오빠는 우리 집 가장이며 절대적인 존재이기도 했다

내게 금족령이 내려졌다. E대 앞 D다방에서 만나기로 한

약속시간이 이미 3시간이 지나고 있었다. 내가 나가기 전에는 절대로 움직이지 않을 그를 알기에 나는 집에 있으면서도 안절부절못했다. 억수같이 쏟아지는 빗속을 뚫고 그를 만나러 달려나갔다.

그는 창밖에 시선을 꽂은 채, 석상이 된 듯 나를 기다리고 있었다. 그의 앞에 앉자마자 울음을 토해내듯 그에게 내뱉고 말았다.

"이제 우리 그만 만나요."

말이 끝나기 바쁘게 우산도 그 자리에 놓아둔 채, 쏟아지는 빗속을 달려 나왔다. 어느 틈에 그의 팔이 내 어깨를 감싸 안으며 커다란 검은 우산이 내 머리 위에 씌워졌다.

그때 E여대 앞에서 봉원사 입구 우리 집까지 나를 따라오지 않았더라면 우리의 인연은 거기까지였을지 모르겠다. 아직 그의 사랑을 느끼기 전, 사랑이 무언지 모르는 풋내기이기도 했기에…. 다만 오빠 앞에서 나로 인해 수모를 당하는 그에게 연민의 정을 느꼈을 뿐. 내가 뭐 그리 잘나서 남의 집 귀한 아들에게 이런 고초를 당하게 하나, 죄책감이 일었다.

5년여의 우여곡절 끝에 우린 드디어 결혼했다. 만나면 헤어지기 싫어 오직 함께 있고 싶다는 그 열망만으로 결혼을 했다. 숱한 역경을 헤치며 한 결혼이기에 우리 앞날에는 꽃길만 있을 줄 알았다. 그러나 결혼의 단꿈에서 미처 깨어나기도 전, 현실의 벽에 부딪혀 파릇파릇 움트던 내 신혼의 꿈은 산산조각이 났다.

예의 바르고 겸손한 그의 언행은 뿌리 깊은 유교 사상에서 비롯된 것임을 결혼 후에야 알게 되었다. 자기 집 가풍에 적응시킨다는 명분 아래 가부장적 사고로 나를 옭아매려 했고, 잠시도 내 곁을 떠나지 않으려던 그는 밤이 깊어서야 돌아왔다.

아주 먼 곳으로 탈출하고 싶은 마음뿐이었다. 금방 터져버릴 것 같은 아픔은 밤마다 입술을 깨물며 깜깜한 골목길을 헤매게 했다. 그러나 이미 나는 새 생명을 잉태하고 있었다. 그때의 나를 지탱해준 힘은 오로지 곧 태어날 아이였다

어느 날 밤, 늦은 시간에 돌아온 남편이 내 손을 꼭 잡았다.
"여보! 미안해. 난 내가 있는 자리에서 누구도 나를 대신할 수 없는 꼭 필요한 사람이 되고 싶어. 그리고 당신 남편으로서 부끄럽지 않게 살고 싶소. 조금만 참고 기다려 줘." 그는 방황하는 내 마음을 다독여주기도 했다.

봉원사 개천길을 나와 함께 걸을 때부터 나의 우산이 되었음을 이제야 깨닫고 있다. 따가운 햇볕도 모진 비바람도 나의 우산이 되어 막아준 것이다.

몇 날 며칠 정성 들여 수놓은 양산이기에 길을 가다가도 빨간 양산을 보면 혹시나 하고 뒤돌아보곤 했으나 끝내 그 양산은 찾지 못했다. 45년간 우리 둘의 역사를 엮으며 나의 비바람막이가 되어준 그도 역시 다시 돌아올 길은 없다.

오직 나만의 우산이 되어 달라 떼를 쓰던 철부지 여인이 인생의 황혼 길에 홀로 서서 때늦은 후회에 목이 멘다.

눈 내리는 달밤

그이와 함께 호젓한 밤길을 걷고 있다.

밝은 달이 외등 하나 없는 길을 비춘다. 그의 코트 주머니에는 따끈한 군밤이 내 손길을 기다리고 있다. 우리는 번갈아 주머니에 손을 넣어 군밤을 꺼내 먹으며 걷는다. 갑자기 달이 구름 속으로 숨어든다. 눈송이가 풀풀 날린다. 달밤에 여우비처럼 내리는 눈은 처음 보았다. 달이 숨바꼭질을 한다. 달이 얼굴을 내밀면 눈송이가 그치고 달이 숨으면 다시 내린다. 그땐 몰랐다. 우리의 인생길도 이와 같을 것을….

가만가만 내 방 유리창 두드리는 소리가 들린다. 깜짝 놀라 문을 여니 그가 왔다. 그와의 만남을 막으려는 오빠의 금족령이 내려져 외출하지 못하는 나를 만나기 위해 영하의 추위 속, 서울을 반 바퀴 돌아 그가 온 것이다. 한강의 다리가 하나밖에 없던 때라 영등포에서 신촌을 오려면 교통편이 안 좋았다. 더구나 통행금지 시간이 있어 또다시 서둘러 돌아가야 한다. 짧은 만남과 이별, 그와의 이별이 싫어 오직 함께 있고 싶다는 일념 하나로 만난 지 5년, 오빠의 반대를 무릅쓰고 결혼을 했다.

첫아들을 낳았다. 직장에서 돌아와 아이 목욕시키고 우유병 소독하고 다음 날 아침거리 준비를 마치면 자정이 훨씬 넘는다. 밤새 아이 우유 먹이느라 잠을 설치고 직장에 나가면 파김치가 된다. 더구나 아이가 아파 한잠 못 자고 출근하는 날이면 비몽사몽이다.

둘째를 가지며 시집살이와 육아에 지쳐 직장을 그만두고 살림을 났다. 추운 겨울, 갓난아이 목욕시키려고 큰 대야에 따뜻한 물을 담아 놓고 아이 옷을 벗기는 사이 큰아이가 옷 입은 채 먼저 풍덩 뛰어든다. 때로는 대야 물을 다 엎어 방을 물바다로 만들기도 한다.

　아이가 자기 전, 목욕시킬 때까지만 집에 와 달라고 남편에게 신신당부를 한다. 알았다고 건성 대답만 할 뿐, 언제나 공수표다.

　'잡은 고기 미끼 주지 않는다.'고 하던가. 학교로 직장으로 집으로 나를 찾아 먼 길도 추위도 아랑곳하지 않던 일은 까마득한 옛이야기가 되었다.

　남편과 함께 저녁을 먹으려고 고픈 배를 움켜쥐고 그를 기다린다. 늦게 와서는 저녁 먹었다며 그냥 잠자리에 든다. 실망과 배신에 몸서리치며 울고 또 울었다.

　셋째 아이를 임신했다. 이제야 철이 들었는지 밉든 곱든 아이들에게는 단 하나뿐인 아버지라는 생각이 들었다. 『선녀와 나무꾼』에서 아이 셋을 낳을 때까지는 날개옷을 주지 말라던 그 이유를 알 것 같았다.

　셋째를 임신하면서 비로소 결혼의 대한 환상을 깨고 세 아이 엄마의 의무를 절감하며 생활인이 되어갔다. '언제까지나라고는 못 박지 말자. 이 사람과 사는 날까지는 최선을 다하자.'며 참고 또 참았다. 내가 변하니 남편도 변해갔다. 그러나 사람을 좋아해 어울리기를 즐기는 천성을 고칠 수는 없나 보다. 그렇다고 가족을 사랑하지 않는 것은 아니다. 자상하고 이해심 깊고 너그럽다. 다만 귀가 시간이 늦을 뿐, 그러려니 하며 살았다. 시간은 피를 말리는 기다림도 여유와 인내를 갖게 했다.

어느 날 늦게 귀가한 남편이 머뭇머뭇 말문을 연다. 입에서는 약하게 술 냄새를 풍기며 상기된 표정이다.

"여보! 나는 다시 태어나도 당신과 함께 살고 싶어"

"아유! 또 살아요?.

얼른 내뱉은 퉁명스러운 내 말에 마음이 상한 듯 시무룩해서 옷을 벗어 건다.

며칠 후, 남편이 설거지하는 나를 등 뒤에서 살며시 끌어안는다.

"그동안 고생 많았어, 미안해 여보!"

"……."

아직도 등 뒤에 그의 따뜻한 숨결을 느끼곤 한다. 끝내 아무 말도 하지 않고 영원히 그를 보낸 내가 밉다.

눈 내리는 달밤처럼 인생은 구름 속에서 달이 나올 땐 황홀하고 다시 구름 속으로 들어가면 눈이 내리고 어둠에 잠기는 것을…. 그를 보낸 나는 숨어버린 달을 애타게 그리워하며 어둠 속을 헤맨다.

남근목을 바라보며

오동도 숲길을 걷는다.

상큼한 나무 향기에 가슴이 확 트인다. 울창한 나무숲 속에서 해설사가 나무 한 그루를 가리킨다. 그 나무는 병이 들어, 가지가 썩어서 몸통도 함께 쓰러질 위기에 있었다. 그러나 그 아픔을 혹으로 바꾸며 생명을 건질 수 있었다. 그리고 그 혹이 남근을 닮아 남근목이란 이름을 갖게 되었다 한다.

문득 암으로 고통받던 남편 생각으로 목이 메어온다.

3년간 내 병간호를 하던 남편이 어느 날 갑자기

폐암 진단을 받았다. 2.5센티미터의 크기다. 그래도 워낙 건강하던 사람이었기에 크게 걱정하지 않았다. 그리고 폐암 권위자인 L박사를 주치의로 만날 수 있었던 것을 천행으로 생각했다.

 오른쪽 폐 두 쪽을 떼어냈다. 수술은 잘 되었다고 했다. 그러나 상처가 다 아물지 않고 말썽을 부렸다. 그런데도 병원에서는 퇴원을 시켰다. 그날, 상처로 인해 진통제를 먹어가며 밤새 고통을 당했다. 새벽녘에는 숨까지 가빠져서 응급실로 실려 갔다. 퇴원 하루 만에 다시 들어간 병원이었다. '급성호흡곤란증', 방사선 치료 시, 건강한 폐까지 손상을 입어 생긴 병이었다.

 중환자실에서 3주간 생사를 넘나들다 일반 병실로 옮겼다. 제대로 치료를 받지 못해 상처가 괴사되어 등에 구멍이 뻥 뚫려 있다. 같은 자세로 오랫동안 누워 있어서 엉덩이에 욕창이 생겨 그 고통 또한 말할 수 없이 컸다. 만신창이가 된 남편의 몸, 가래를 빼내고 숨을 쉬기 위해 목을 절개해 산소호흡기를 달았다. 아파도 말을 못해 얼굴만 찡그렸다. 이런 상태에서 과연 살아날 수 있을까. 그 참담한 몰골에 가슴이 찢

어지는 듯했다.

　남편은 검지에 산소 포화도 측정계를 끼고 가쁜 숨을 몰아쉬었다. 호흡은 그냥 저절로 되는 줄 알았다. 그런데 그는 숨쉴 때마다 몹시 힘들어했다.

　막내아들이 그의 목에서 고무호스로 가래를 뺐다. 가래를 뺄 때마다 고통에 몸을 뒤트는 아버지가 안쓰러워 차마 뺄 수 없다 하면서도 어쩔 수 없이 다시 호스를 목으로 집어넣었다. 가래를 스스로 뱉지 못하는 그이, 가래를 빼지 않으면 산소포화도가 떨어져서 금세 호흡곤란을 일으키며 혼수상태에 빠졌다. 5~10분마다 가래를 빼야 했다. 가래를 뺄 때마다 입가에 흐르는 가래를 맨손으로 만지면서도 싫은 내색 하나 없다. 24시간 그의 곁에 붙어서 간호를 했다. 간병인이 하는 것보다 아들이 하는 것이 더 좋은지 아들만 찾았다.

　어느 날 숨 쉬기가 훨씬 수월해졌다며 산소호흡기를 목에서 코로 옮겼다. 어눌하지만 말도 했다. 그러나 폐의 염증 치료를 위해 과다한 스테로이드 투여로 간이 손상을 입었다고 했다. 간 조직검사를 했다. 초조히 결과를 기다렸다. 암세포가 간 전체에 퍼져 더는 손 쓸 수 없다는 것이었다.

온몸의 피가 쫙 빠져나가는 느낌이었다. 며칠 전만 해도 2주 후에는 퇴원할 수 있다고 하지 않았던가. 폐를 치료하다 보니 간이 망가졌다고? 이것이 현대의학의 한계란 말인가. 이 억울하고 애통함을 어디에 호소해야 풀 수 있을까. 하루빨리 집으로 가고 싶은 일념으로 젖 먹던 힘을 다 쏟아 아침마다 비틀거리며 방사선실을 오가며 폐 촬영을 했는데 이렇게 되도록 몰랐다니…. 속수무책으로 그를 보내고 말았다. 암이 이렇게 멀쩡하던 사람을 3개월이란 짧은 시간에 쓰러뜨리고 만 것이다.

남편이 퇴원하던 날 밤, 밤새 고통에 온몸이 땀으로 목욕을 했다. 평시에 땀 냄새와는 다르게 역한 냄새가 코를 찔렀다. 허리염증이 재발되어 수술을 받고 그가 퇴원하기 하루 전, 집에 온 나는 아무것도 도와줄 수가 없었다. 함께 잠을 이루지 못하며 역한 냄새에 짜증을 냈다.

"내일부터는 내가 다른 방을 쓸게." 하던 그가 날이 밝자 응급실을 찾은 것이다. 그날 밤, 그의 고통을 함께 나누지는 못할망정 무슨 냄새가 이렇게 독하냐며 짜증을 냈던 생각을 하면 두고두고 후회가 된다.

나무는 사람의 암과 같은 혹이 생겨도 생명을 푸르게 이어 간다. 그런데 사람은 남근목, 몇 백분의 1의 작은 혹에도 생명을 빼앗기지 않는가. 사람도 저 나무처럼 겉으로 혹을 달고 생명을 연장할 수는 없을까. 불구가 되어서라도 살아만 준다면 얼마나 좋을까. 겉으론 아무렇지도 않지만 속으로 번져 몸을 만신창이로 만들어 생명을 앗아가는 암.

유심히 고목을 들여다보면 혹이 많이 달려있다. 세월의 훈장일까. 치열한 삶의 흔적일까.

암은 혈액을 통해 전이된다. 나무는 혈액이 없으니 암세포를 운반하지 못해 전이되지 않는다고 한다. 저 나무는 커다란 암 덩어리를 갖고도 남근목이란 애칭으로 사람들의 시선까지 모은다.

사람도 암을 이겨내, 힘차게 살아갈 날을 소망해 본다.

캐나다 록키에서
- 그를 찾아서 -

에디스 카벨산(Mountain Edith Cavell)

쭉쭉 뻗은 시다(cedar)나무를 양옆에 끼고 꼬불꼬불 해발 3,363미터 에디스 카벨산을 향해 달린다. 두둥실 떠 있는 하얀 구름, 높푸른 하늘, 가슴이 확 트인다. 해발 2,800미터까지는 자동차로 가고 나머지 2백 미터 고지는 걸어서 오른다.

아들은 나를 위해 접이식 의자를 어깨에 메고 내가 힘들어할 때마다 앉아 쉬게 한다. 두 사람이 겨우 어깨를 스치고 지날 수 있는 가파른 산길이다. 나를 부축하는 아들을 보며 지나는 사람마다 한마디

씩 한다. 어느 금발의 여인은 자기는 11세의 아들도 데려오지 않았는데 대단하다며 아들을 향해 엄지손가락을 치켜세운다. 평지에서도 잘못 걷는 내가 3천 미터 고지를 올라 여기 빙하 앞에 서 있는 것이다.

이 산은 빙하에 깎여 산세가 험하다. 원래의 이름은 그레이트 화이트산(Great White Mountain)이었다. 제1차 세계대전 당시, 영국인 간호사 에디스 카벨이 있었다. 그녀는 아군과 적군을 가리지 않고 의료 활동을 벌이고 200여 명의 연합군 포로를 탈출시키기까지 했다. 나중에 스파이 혐의로 독일군에 체포되어 화형을 당했다. 어느 날 이 산에 비상하려는 천사의 두 날개를 활짝 펼친 듯한, 모양의 빙하(엔젤 빙하)에 죽은 에디스 카벨(Ediith Cavell)의 얼굴이 나타났다. 사람들은 그녀가 천사가 되어 하늘로 올라간 것이라 믿었다. 그 후, 그녀를 기리기 위해 에디스 카벨 산이라 이름을 붙였다고 한다. 지금은 엔젤 빙하(Engel Glacier)도 많이 녹고 빙하가 둥둥 떠다니던 카벨 호수는 간 곳 없이 마른 땅만 드러내놓고 있다.

길이 좁고 험해, 대형버스는 들어오지 못한다. 남편과 록키를 찾았던 지난날엔 오지 못한 곳이다. 물을 잃어버린 호수가 그를 잃은 내 마음을 말해주는 듯….

애서배스카 폭포(Athabasca Falls)

　도도히 흐르던 옥빛 물살이 22미터 높이의 계곡 아래로 웅장한 소리를 내며 거칠게 쏟아지는 폭포. 애서배스카 폭포는 록키산 국립공원에서 가장 강력한 폭포의 하나다. 하드 규암층에 쏟아져 내리는 폭포와 협곡으로 이어지는 청량한 물소리, 하얗게 부서지는 포말, 피어오르는 물안개, 그 힘찬 물살에 빨려 들어갈 것만 같다.

　주위에 다리, 전망대, 산책로가 조성돼 있어 폭포의 이모저모를 살펴볼 수 있다. 10여 년 전, 남편과 걷던 길이기도 하다. 그때는 그의 손을 잡고 계곡을 따라 한참을 걸었다. 오늘은 아들 며느리의 손을 잡고 걷는다. 아들이 더 내려가면 올라오기 힘들다며 그만 가자고 해, 돌아서 올라온다. 남편도 건강도 모두 떠나버린 지금, 내 마음을 알 리 없는 아들은 갈 길을 재촉한다.

　숙소를 찾아가는 길이다. 차가 밀려있다. 길 가운데 산양 3마리가 길을 가로막고 있다. 사람을 위한 도로인지 동물을 위한 길인지, 산양은 오도 가도 않고 길 가운데 마냥 버티고 서 있다. 사람들은 아예 차에서 내려 카메라 셔터만 눌러댄다. 언제까지 기다리고 있어야 할지? 기다리는 차량 행렬은 꼬리를 문다. 누가 어떻게 했는지 산양이 산으로 올라간다. 나도 달리는 차 안에서 산양을 향해 카메라의 셔터를 누른다.

말린 호수(Maligne Lake)

록키 최대의 호수이며 세계에서 두 번째로 큰 빙하호다. 길이 22킬로미터 넓이 630만 평에 이른다. 배를 탄다. 1시간 반 동안 에메랄드빛 호수를 배경으로 새하얀 빙하를 머리에 인 웅장한 봉우리들이 빚어내는 풍경에 눈을 떼지 못한다. 호수 동쪽 끝 스피릿 아일랜드(Spirit Island) 앞 부두에 도착해 15분간 자유 시간을 갖는다. 그가 곁에 있었다면 이 황홀한 경치에 매료된 나의 끝없는 탄성에 내 옆구리를 쿡쿡 찌르며 사람들 시선에 안절부절못했을 것 같다.

이제 재스퍼(Jasper)를 벗어나 밴프(Banff)로 가는 길이다. 앞이 보이지 않는 산길, 장대처럼 쏟아지는 비를 맞으며 달린다. 지나가는 차 한 대, 눈에 띄지 않는다. 공연히 내가 와서 아들을 위험에 빠지게 하는 것은 아닌가. 가파른 산모퉁이를 돌 때마다 마음이 조마조마하다. 산을 내려오니 언제 비가 왔냐는 듯 햇볕이 따갑다.

숙소에 들어와 창밖을 내다본다. 빙하를 머리에 인 거대한 산이 우뚝 솟아있다. 록키 산속, 호텔. 석양이 비춘다. 산봉우리에 황금빛 노을이 걸쳐있다. 금세 어둠이 덮어버린다. 아쉬움에 다음날 아침 일찍 눈을 뜨니 태양이 솟아오르고 있다. TV에서 보던 에베레스트 산 정상을 비추던 그 황금빛이다. 회색빛 석회암 산봉우리와 골짜기에 쌓인 새하얀 빙하에 금가루를 뿌려놓은 듯하다. 대자연의 경이가 여기 나타나고 있는 것이다.

아이스필드 파크웨이(The Icefield Parkway)

어제 비를 맞고 오던 길이 아이스필드 파크웨이다. 이 길은 록키의 백미(白眉)라 부르는 환상의 도로다. 밴프와 재스퍼를 연결하는 300킬로미터의 도로 가운데 트랜스 캐나다 하이웨이 정선(Trans Canada Highway Junction)에서 재스퍼를 잇는 230킬로미터 길이의 93번 국도다.

어제 비가 와서 이 길의 경치를 보지 못해, 오늘 다시 힘겹게 거슬러 올라간다. 어제 내린 비로 하늘도 나무도 방금 목욕시킨 갓난아이 얼굴이다. 이 도로를 따라 태고의 신비를 간직한 컬럼비아 대평원과 하늘을 찌를 듯 뾰족이 솟은 3천 미터 급의 봉우리들에 쌓인 빙하를 바라보며 넋을 잃는다. 원시 자연의 비경이 총천연색으로 펼쳐진다. 평생 잊지 못할 풍광일 듯싶다.

루이즈 호수(Lake Louise)

폭 3백 미터, 길이 2,4킬로미터의 호수. 빙하의 침식 활동으로 깎여나간 틈에 물이 고여 형성된 빙하호다. 빙하의 퇴적물 때문에 맑은 쪽빛을 띠고 있다. 빙하의 퇴적물이 물의 색깔을 더 곱게 하다니. 눈에 보이는 아름다움과 본질의 순수와의 이중성이라 할까. 인간사에서도 나타나는 현상이 아닐는지. 호반의 아름다운 모습과 빅토리아산 중턱에 걸린 빙하는 캐나다의 싱그러운 자연을 대표하는 멋진 경관이다.

아들이 나를 휠체어에 태워 사람들 사이를 헤치며 호수 주변을 돈다. 그와 걷던 지난날이 어제인 듯하다. 밴프에 새파란 골프장 잔디 위, 한가롭게 누워있는 엘크사슴들을 바라보며 골프를 치고 싶어하던 남편, 지금처럼 자가용으로 왔더라면 그 원을 풀어볼 수도 있었으련만… 세 번째 오는 록키산이고 10년 만에 와 보니 호숫가에 기름이 둥둥 떠다니고 빙하가 녹아 신비한 정취도 많이 사라졌다.

 몇 해를 두고 벼르던 캐나다 막내아들 집에 왔다. 그리고 그를 만나러 록키를 찾았다. 이곳에 남긴 그의 따뜻한 체취를 가슴 깊이 새긴다. 내 건강이 생에 다시 올 수 있을까 싶지 않다.

 해마다 동인지 출간 준비로 여름휴가를 포기했다. 올해는 24년간의 동인회 회장직을 내놓고 홀홀 떠나온 것이다. 록키 비경에 흠뻑 빠져 몸과 마음이 날아갈 듯하다. 자연은 언제나 내 마음을 푸근하게 감싸 안아준다.

소리들

　차에 시동을 걸자마자 오디오와 내비게이션을 켠다. 이거라도 켜야 내가 혼자라는 느낌이 안 든다.
　외출했다 집에 들어오면 옷도 갈아입기 전, TV나 라디오부터 켠다. 빈집이라는 느낌부터 지우고 싶은 마음에서다. 그렇다고 내가 TV 프로그램을 열심히 시청하는 것도 아니다. 그저 무슨 소리든 사람 소리가 나서 내가 혼자라는 사실을 잊고 싶은 마음에서다.
　핸드폰에 메시지가 오면 행여나 하는 마음에 황급히 열어본다. 대출 받으라는 문구나 물건 사라는 홍보문인 것을…. 그래도 끝내 반가운 사람의 정다운 사연을 포기할 수는 없다.

　사춘기 시절 언니가 있는 아이들이 무척 부러웠다. 완고한 어머니와는 의논할 수가 없었다. 무슨 일이고 혼자 결정해야 했다. 대학 선택이나 지망 학과도 혼자 결정했다.

　아버지를 일찍 여읜 내게 오빠는 우리집 가장이었다. 오빠가 극구 반대하는 결혼 상대를 선택할 때도 은사님을 찾아가 의논을 했다. 인생의 갈림길에서 진정으로 나를 이해하고 내 편이 되어 줄 가족은 없었다.

　결혼을 했다. 이제 남편은 항상 내 편이 되어줄 줄 알았다. 그런데 남편도 내 편만은 아니었다. 시집이 우선이었다. 아이들이 속을 썩여 남편에게 하소연할 때도 그는 항상 아이들 편이었다. 때로는 남편에게 사정을 했다. 자식 이야기는 아무에게도 말 못하니 그냥 들어만 달라고…. 남편은 내 이야기가 끝나기 무섭게 아이들 입장에서 나를 이해시키려고만 했다.

　남편이나 나 배냇병신인 게 틀림없는 것 같다. 항상 아이들 편들 줄 뻔히 알면서도 남편에게 이야기하는 나, 내 부탁의 말을 듣고도 금세 아이들 편을 드는 남편이나.

　"어쩌다 한번 그냥 들어만 주면 안 돼요? 당신은 내가 이웃

집 개에게 물려도 개 편들, 사람이에요"

볼멘소리를 했다.

그런 남편마저 내 곁을 영영 떠나고 보니 이젠 정말 자식에게 섭섭한 일이 있어도 이야기할 사람이 없다. 이 세상에 자기편이 하나도 없다는 절망감! 남편에게 볼멘소리를 하면서도 남편은 항상 내 편이라고 믿고 살았나보다.

인간은 누구나 혼자 왔다 혼자 가는 존재인 것을, 왜 이렇게 혼자라는 외로움에서 헤어나지 못하는 걸까.

7~8명의 식구들이 한집에서 북적일 때는 아무 소리도 들리지 않는 조용한 시간을 아쉬워하기도 했다. 때로는 물소리 바람 소리만 들리는 심산유곡을 찾아 며칠 푹 쉬어 오고 싶기도 했다.

이젠 전화벨 소리도 반갑다. 설혹 설문 조사나 인터넷 회사 바꾸라는 홍보 전화일지라도. 그렇다고 내가 종일 무료하게 지내는 것도 아니다. 책도 읽고 글도 쓰고 이메일도 주고받는다. 바쁘다 보면 신문(新聞)도 구문(舊聞)을 만들어 읽고, 신문의 사설란이나 칼럼을 정독하기 위해 따로 챙겨 놓고도 쌓아 놓기 일쑤다. 그냥 아무 소리라도 나를 찾는 그 소리가 반가울 뿐이다.

 혼자라는 사실을 누구에게도 보이고 싶지 않다. 현관에는 다시는 신지 못할 남편의 구두를 닦아 놓아두고, 수저통에는 남편의 은수저를 반짝반짝 윤을 내 닦아 넣는다.

 인간은 태어날 때부터 이미 어떤 운명을 갖고 나오는 것일까. 그 사람의 생일을 보고 좋아하는 색상, 성격 등을 알 수 있다는 책이 있다. 그 책을 보니 나는 야생화를 좋아하고 추억을 그리워하며 사람을 사귀는데 신중하고 고독을 사랑한다고 했다.

 운명적으로 고독을 사랑한다고 했으니 평생 외롭게 살았나 보다. 밤늦게 귀가하는 남편을 기다리던 숱한 시간들, 남편의 행복을 온전히 내 행복으로 받아들이기까지의 오랜 갈등 등. 이 모든 것에서 자유로워졌다고 생각하던 어느 날 갑자기 그가 내 곁을 떠났다. 그래도 남편이 살아있을 때는 외로움이 이토록 절절하지는 않았다.

 노인들이 사람이 그리워, 지나는 사람만 봐도 붙잡고 말을 시킨다고 한다. 나는 그냥 지나는 말이 아닌, 가슴을 열고 말할 사람이 필요한 것이다. 그런 사람 만나기가 어디 그리 쉬운 일이던가?

　대중 속에 고독이 더한 고독이라고도 한다. 하지만 진짜 곁에 아무도 없고, 내 편이 아무도 없다는 사실, 그것이 얼마다 지독한 외로움인지….

　내가 혼자가 아닌 누구와 함께 있는, 그런 사람소리가 듣고 싶은 것이다.

토란국 친구

이웃에 사는 친구가 토란국을 가져왔다. 마른반찬과 밥까지 보온도시락에 싸서 한 보따리다. 몸이 불편해 혼자, 대충해 먹는 나를 위해 때때로 반찬을 만들고 국을 끓여 온다.

80이 넘은 나이에 구순의 남편과 아직 결혼하지 않은 아들 건사에도 힘들건만 나까지 챙기기가 어디 쉬운 일인가. 중학 시절부터 70년 지기 친구다. 그 정성이 고마워 가슴 뭉클해진다. 맛을 보니 내가 좋아할 것 같아 막내 먹을 것을 우선 가져왔다면서 식기 전에 어서 먹으라고 재촉이다.

몇 년 전, 3년 동안 5번의 수술을 받으며 입 퇴원을 거듭했다. 퇴원하는 날이면 친구는 양지머리 고기 푹 고아 떡국을 끓여 왔다. 입맛을 잃어 먹지 못하는 나를 위한 정성이었다. 그 떡국을 먹으며 입맛을 되찾곤 했다.

　중학교 졸업식이 끝나고 가족이 아무도 오지 않은 우리 둘은 한강으로 내달았다. 한강 다리 밑에 쭈그리고 앉아 흐르는 물만 하염없이 바라보며 쓸쓸한 서로의 마음을 위로했다.

　고등학교 1학년 때였던 것 같다. 부슬부슬 비가 내리던 어느 여름날, 방과 후 자하문 밖 세검정으로 놀러갔다. 개울물이 맑게 흐르고 있었다. 우리는 넓적한 돌 위에 나란히 앉았다. 우산을 받쳐 들고 비를 맞으며 이야기에 팔려 시간 가는 줄 모르고 있었다. 한참 후, 우리가 앉은 돌 위에까지 물이 차올라 사방을 둘러보니 물이 불어, 오도 가도 못하게 갇히고 말았다. 그때의 황당함이라니…. 어떻게 해서 빠져나왔는지 지금은 기억이 나지 않는다.

　친구는 동대문 근처 창신동에 살았고 나는 신설동에 살았다. 하교길, 종로1가에서 함께 버스나 전차를 타고 다니기도 했지만 비가 오면 감상에 젖어 비를 맞으며 걷곤 했다.

만나거나 전화를 하면 어릴 때 이야기부터 자식 이야기 남편 이야기까지 가리고 숨길 것 없이 다 털어놓는다. 그러다 보면 2~3시간이 눈 깜짝할 사이에 지나간다. 세 끼 식사에 얽매어 바깥바람 한 번 쐬지 못하고 살면서도 나를 위해 시간을 내주는 친구가 있어 마음 뿌듯하다.

유안진의 시 「지란지교를 꿈꾸며」에서처럼.

 입은 옷을 갈아입지 않고/ 김치 냄새가 좀 나더라도 흉보지 않을 친구/ 비 오는 오후나 눈 내리는 밤에도 고무신을 끌고 찾아와도 좋을 친구/ 밤늦도록 공허한 마음도 마음 놓고 열어 볼 수 있고/ 악의 없이 남의 이야기를 주고받고 나서도/ 말이 날까 걱정되지 않는 친구 -중략-

그런 친구다.

토란은 반드시 껍질을 벗기고 쌀뜨물에 담갔다가 식초 몇 방울 떨어뜨려 끓여야 독성이 빠지고 아린 맛도 없어진다. 우리의 우정도 모든 우여곡절을 거치며 긴 세월 함께하다 보니 독성도 아린 맛도 없어진 것이 아닐까.

때로는 서로 흉허물이 없다 보니 직설적인 언행으로 상대의 가슴에 상처를 입히기도 했다. 그러나 이제는 설혹 서로 간, 귀에 거슬리는 말을 들어도 우선 상대의 속마음을 헤아려 보며 마음을 다스린다. 그리고 만나면 언제 그런 일이 있었나? 까맣게 잊고 그저 반가울 뿐이다. 그런 친구가 곁에 있어 마음 든든하다.

그 새 소리

먼동이 트기도 전, 나의 새벽잠을 깨우는 새가 있다.

그 소리가 하도 청아해 '은쟁반에 옥구슬 구르는 소리'란 저런 소리를 두고 하는 말인가 싶을 정도다. 삐용 삐용 삐용 삐륵 하며 운다. 때때로 삐르륵 하고 한 번 음을 굴리거나 두세 번씩 짧고 길게 끊어서 울어 절박하게 무슨 사연을 호소하는 듯했다. 어떻게 생긴 새인지 궁금해지기 시작했다.

캐나다 밴쿠버는 숲이 우거진 탓인지 새들이 많다. 우리나라 참새보다는 몸집이 약간 작은 이곳 참새를 비롯해서 참새보다 조금 큰 회색 바탕의 몸통에 가슴은 주황색으로 덮이고 까만 머리에 노란색 부리를 가진 울새(robin), 검은 몸에 참새만한 크기의 적갈색 가슴 털을 갖고 '따르르, 따르르' 우는 새, 제비만한 검은색 몸에 진밤색 깃털을 하고 '휘익 휘익' 휘파람을 잘 부는 새 등이다.

 새벽에 울던 그 새소리가 아침, 저녁 종종 들렸으나 좀처럼 새의 모습은 볼 수가 없다. 새소리만 나면 쏜살같이 뛰어나가 소리 나는 나무 위를 쳐다보았다. 하지만 늘 허사였다. 몇 달을 두고 나는 그 소리를 따라다녔다.

 어느 날 아침 바닷가를 산책하고 있을 때였다. 숲 속에서 그 새소리가 들리는 것이 아닌가! 나는 약간의 흥분을 느끼며 두려움을 무릅쓰고 숲으로 들어갔다. 나무들의 높이가 보통이 아니었다. 한 2~30미터는 됨직해 하늘이 잘 보이지 않을 정도다.

 새들은 인기척에 놀랐는지 울음을 뚝 그치고 후루룩 후루룩 이 나무에서 저 나무로 날아갔다. 잠시 후 그 새소리가 또 들려왔다. 나는 다시 숲길을 따라 찾아다녔다. 한 2시간쯤 헤맸던 듯싶다. 그러나 끝내 그 새의 모습은 찾지 못하고 되돌아왔다.

차를 운전하다가도 그 새소리만 들리면 멈출 지경이 되었다. 병적인 집념이라고나 할까.

젊은 날, 도서관에 책을 빌리려고 그 책의 유무를 문의한 일이 있다. 전화 받는 사람의 음성이 들린다. 책을 대여해 주겠다면서 엉뚱한 말을 했다.

"이렇게 아름다운 목소리를 가진 아가씨는 어떻게 생겼을까 만나고 싶습니다."

물론 가지 않았다. 아니 갈 용기가 나지 않았다. 목소리가 곱다는 소리는 더러 들었지만 내가 그 목소리만한 미인이 아니라는 사실을 익히 알기에 찾아가서 공연히 실망케 할 까닭이 없어서다.

살다보면 사람을 만나기 전 목소리를 먼저 듣는 경우가 허다하다. 그럴 때면 그 목소리에 맞춰 나름대로 상상의 날개를 펼 수도 있다. 내가 그 새소리를 듣고 호기심을 갖는 것도 같은 이치일 것이다.

새소리를 들은 지 3개월로 접어든 어느 날, 수영을 하고 돌아오는 길이었다. 잎이 다 진 앙상한 나무 위에서 그 새소리가 들려왔다. 나는 걸음을 멈추고 한참 동안 사방을 두리번

거렸다. 제일 높은 가지 끝에 앉아 울고 있는 새가 눈에 띄었다. 주황색 가슴털을 한 바로 그 '울새'였다.

나는 그 새가 바로 울새라는 사실이 믿어지지 않았다. 잔디밭에서 먹이를 찾거나 저희들끼리 몰려 날아다닐 때는 저렇게 울지 않았다. 삑, 삐 하는 단음이었다. 그러나 새벽이나 아침저녁 때때로 그렇게 절절히 우는 이유는 무엇일까.

묘한 허탈감이 밀려왔다. 흔히 보는 울새를 찾아 조바심을 하며 그렇게 헤맸단 말인가. 그 새는 목소리에 걸맞게 좀처럼 만나기 어려운 귀한 새일 것이라는 나의 상상이 얼마나 허망한 것이었는지….

울새 소리를 확인하고서도 나의 새소리 확인은 계속되었다. 그 새는 제일 높은 가지 꼭대기에 올라앉아 가지가 흔들릴 때마다 같이 흔들거리며 울었다. 이런 습성을 알아낸 후로는 소리를 들으면 곧잘 찾아내곤 했다. 다시 확인하고 또 확인해 봐도 그 새는 울새였다.

아름다운 몸매에 곱고 청아한 목소리, 바로 이런 것을 일러 '금상첨화'라 하는 것이 아닐까. 그런데 나는 왜 그 소리가 울새 소리가 아니기를 집요하게 바라는지 모르겠다. 그러면서도 울새 소리만 들리면 혼을 빼앗기고 만다.

지금까지 그 새소리의 임자를 찾아내지 못했더라면 어떠했을까. TV 출연을 거절하고 시청자 앞에 끝내 나타나지 않던 어느 인기 성우의 일이 불현듯 생각난다.

백일초

"그 사람 갔습니다."

이른 새벽, 침통한 남자의 음성이 전화선을 타고 들려왔다. 70년대 중반 아메리칸드림을 안고 미국 이민 길에 오른 친구 순이 남편의 목소리였다. 순이를 먼저 땅에 묻고 가기를 염원하던 그였지만 막상 보내고 나니 허망하다며 이렇게 일찍 떠나보낼 줄은 몰랐다면서 말을 잊지 못했다.

갑자기 배가 아프다고 해서 병원에 데려갔다. 뇌졸증이 온 것이다. 전신마비 환자는 뇌졸증이 와도 아픈 부위를 잘 느끼지 못한다. 검진 결과 심장이 굳어져서 펌프질을 잘 못한다며 치료를 받았다. 5일 후, 많이 좋아졌다면서 내일쯤엔 퇴원해도 좋다고 했다.

순이가 떠나기 전날 샤워하고 싶다고 해서 씻겨 주었다. 날아갈 듯한 기분이라며 이제 안 아프다면서 팥죽이 먹고 싶다 했다. 이제 곧 집에 가서 사다 주겠다 하고는 퇴원 준비를 하는 사이 갑자기 맥박이 떨어져서 중환자실로 옮겼으나 곧 운명했다. 사인(死因)은 심장마비였다.

수의는 한국에서 동생이 보내주었으나 사고로 입을 수 없어 고이 간직했던 옷이다. 평소에 그 옷을 수의로 해 달라고 부탁했다. 연녹색 실크 치마저고리에 같은 색 당의를 입혔다. 장지로 떠나기 전날, 마지막으로 관을 열고 시신 앞에 고별인사를 하는 의식(Wake)에서 손님들이 하나같이 생존해 있는 것같이 우아하고 아름답다고 했다.

30여 년 전 아침 출근 길, 그녀는 남편이 운전하는 차 조수석에 앉았다. 고속도로에 진입하려는 순간 갑자기 트럭이 앞을 가로막았다. 꽝 하는 소리와 함께 정신을 잃었다. 남편은 운전대에 가슴을 받힌 것 외에 별다른 부상은 없었다. 그러나 그녀는 네 번째 목뼈가 어긋나 신경이 끊어져서 사고(思

考)의 능력을 빼고는 손가락 하나 움직일 수 없이 전신이 마비되었다.

그녀는 평생 몸에 소변줄을 박고 살았다. 남편은 염증이 생길 것을 우려해 1개월에 한 번씩 소변줄을 갈아 끼웠다. 처음에는 변의도 느끼지 못해 집안이 온통 악취로 진동했다. 이제 변의는 느낄 수 있으나 이를 참지 못해 3~4일에 한 번씩 정기적으로 관장을 했다.

집 안 청소에서부터 식사 준비 아이들 뒷바라지까지 모두 남편 몫이 되었다. 남편의 고생이 안쓰러워 간병인을 두기도 했다. 그러나 어느 간병인이 남편의 지극한 정성을 따를 수 있겠는가? 결국 고심 끝에 남편은 모든 외부활동을 접고 직접 아내를 보살피게 되었다.

십수 년 전 내가 순이를 만나러 그녀의 집에 갔을 때였다. 그녀 남편은 순이를 휠체어에 태우고 밤늦은 시간인데도 시카고 공항까지 마중을 나왔다. 그녀를 보는 순간, 지난날 아름답던 모습이 떠올랐다. 몸은 비록 불구가 되고 늙었지만 밝은 표정만은 여전했다.

순이가 한번 외출을 하려면 수속이 복잡했다. 시도 때도 없는 대소변의 처리를 단단히 해야 했다. 소변 팩도 큰 것으로 바꾸고 관장도 미리하며 욕창이 덧나지 않게 앉아 있는 시간도 조절해야 했다. 이런 번거로움을 무릅쓰고 남편은 순이의 바깥나들이를 위해 자동차에 휠체어 들어 올리는 장치를 갖추고 순이와 함께 수시로 교회도 가고 쇼핑도 하며 모임에도 갔다.

떠나기 5~6년 전부터는 이런 외출도 불가능해졌다. 당뇨로 인한 녹내장이 와서 왼쪽 눈은 희미하게나마 물체가 보이나 오른쪽 눈은 마침내 실명하고 말았다. 그래도 가끔 먹고 싶은 음식이 있다고 하면 식당에 데리고 가서 떠먹여 주었다고 한다.

순이 남편은 그녀가 살아있을 때, 젊었을 때의 자기 잘못을 아내에게 말하고 용서를 구하지 못한 것이 후회가 된다 했다. 그러나 어떤 잘못이 있었다 해도 전신 마비 아내를 31년간 한결같은 사랑으로 보살폈다면 이제는 마음 가볍게 살아도 되지 않을까 싶다. 40대 중반에 다쳐 전신 마비 환자가 희수(喜壽)까지 살았다면 천수를 다했고 그런 남편이 아니었으면 불가능한 일이었으리라.

그래도 그녀 남편은 이렇게 속절없이 떠날 줄 알았다면 만사 제쳐놓고 먹고 싶다던 팥죽을 사다 먹일 것을…. 그리고 당 합병증이 염려스러워 원하는 음식 못 먹게 한 것이 후회스럽단다. 때로는 너무 힘들어 언제 이 멍에를 벗어놓을 수 있을까 싶기도 했다. 그러나 막상 보내고 나니 외롭고 허전해서 견딜 수 없다고 한다.

오늘도 아내 묘지에 크리스마스 꽃(포인세티아)으로 갈아 놓고 오느라 늦었단다. 그리고 외출해서 돌아올 때면 묘지를 들러서 오게 된다며 1주일에 한 번은 꼭 다녀온다면서 깊은 한숨 소리가 전화선을 타고 들려온다.

문득 진분홍 백일초* 꽃 한 송이가 순이의 환한 미소 위에 오버랩된다.

*백일초(백일홍) 꽃말: 떠나간 임에 대한 그리움. 인연.

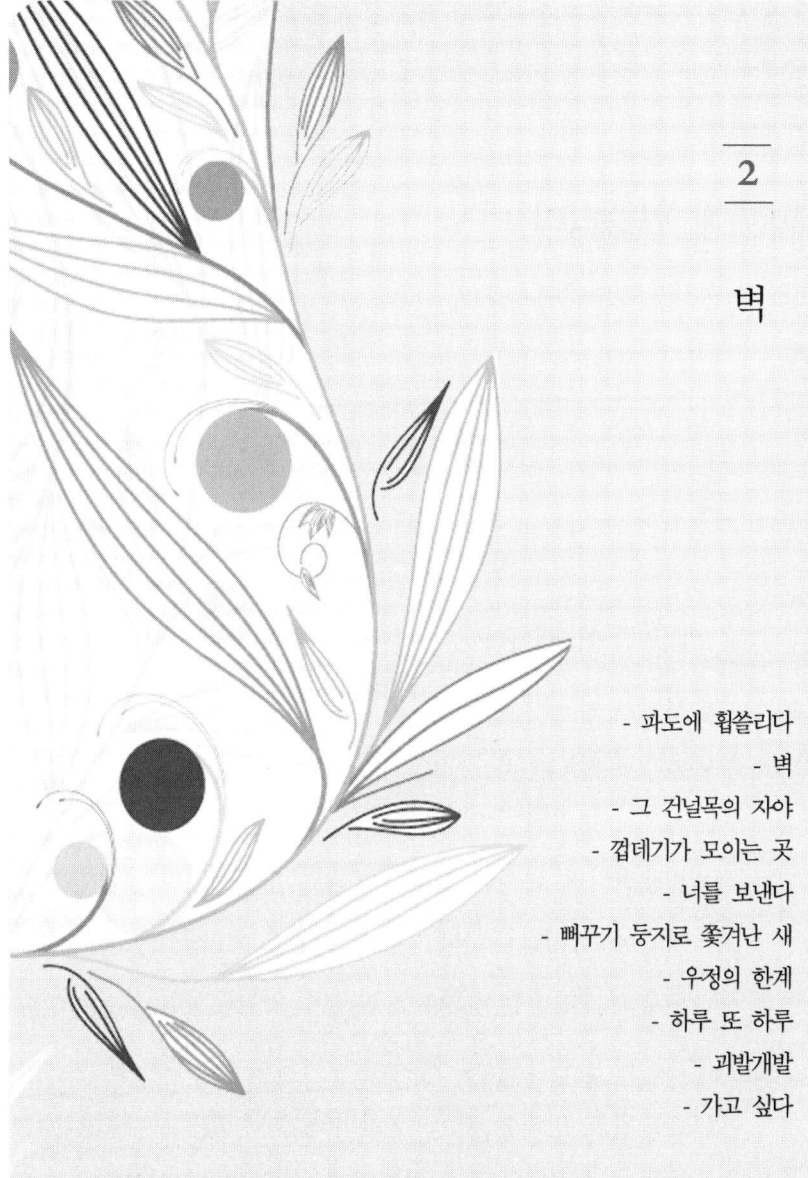

2

벽

- 파도에 휩쓸리다
- 벽
- 그 건널목의 자야
- 껍데기가 모이는 곳
- 너를 보낸다
- 뻐꾸기 둥지로 쫓겨난 새
- 우정의 한계
- 하루 또 하루
- 괴발개발
- 가고 싶다

파도에 휩쓸리다

　막내아들이 캐나다에서 왔다. 아침 일찍 나갈 일이 있다고 해, 아침상을 차리려 배추김치를 썰어 한 그릇은 식탁에 놓고 나머지를 뒤 베란다 김치냉장고에 넣으려 나가던 중이었다.
　뒤 베란다로 나가려 한 걸음 내디뎠을 때였다. 급한 마음에 실내화를 신은 채 베란다에 놓아둔 슬리퍼 위를 밟는 순간, 중심을 잃으며 미끄러진다. 눈 깜짝할 사이다. 오른쪽 다리는 무의식적, 옆으로 뻗었으나 왼쪽 다리는 뻗을 공간이 없으니 앞으로 휘어진다. 그 다리 위로 62킬로그램의 내 체중이 실리며 딱 따닥, 뼈 부러지는 소리가 들린다. 꼼짝할 수가 없다.

119차에 실려 가까운 종합병원 응급실로 갔다. 왼쪽 발목 양쪽 복숭아뼈 옆, 두 곳이 부러졌다. 부목을 대고 간단한 치료를 해주며 다른 병원으로 가라고 한다. 그 병원의 담당 의사가 휴가 중이라 언제 수술을 받을지 모른다는 것이다. 건강보험공단에서 설립한 병원인데 이럴 수가 있나, 배신감이 밀려온다. 마침 토요일이라 오후 1시가 지나니 다른 병원에 전화 연결조차 되지 않는다.

불현듯 오래전, 남편과 여름 휴가차 강릉 해수욕장을 찾았던 일이 생각난다. 남편은 나보다 수영은 잘하지만 물에 들어가기를 좋아하지 않아 나 혼자 바다에 뛰어들었다. 얕은 물에는 사람들이 많아 깊은 곳까지 수영해 들어갔다. 수영장 생각만 하고 내 힘껏 헤엄쳐 들어간 게 화근이었다. 파도를 거슬러 돌아올 힘이 달렸다. 엎친 데 겹친 격으로 눈 깜짝할 사이에 파도가 내게로 거칠게 달려든다. 사방을 둘러봐도 아무도 없다. 나는 파도에 휩쓸려 아래로, 아래로 떠내려갈 뿐이다. 죽을힘을 다해 손을 흔들어 구조를 청했다.

경비정이 나를 발견했나 보다. 한 남자가 바다로 뛰어들어

내게로 온다. 이제는 살았구나 하는 생각에 맥이 확 풀린다. 어서 내게로 와서 내 손을 잡아주기를 기다렸다. 그러나 내 손이 닿지 않을 만큼의 거리까지 와서는 굵은 밧줄을 던진다. 순간 야속한 마음이 들었다. 나는 지금 온 힘이 빠져 물속으로 가라앉기 직전이다. 그런데 내가 물귀신인 양 내 손이 닿지 않을 만큼의 거리에서 밧줄을 당긴다. 그 구조 요원이 이끄는 대로 온 힘을 다해 양다리로 물살을 가르며 배에 올랐다. 생과 사가 한순간인 것이다.

일단 집으로 왔다. 지인을 통해 개인 병원에 입원했다. 그날 혼자 사는 집에 아들이 없었다면 어떻게 되었을까. 꼼짝할 수 없으니 전화로 연락할 수도 없고, 첩첩이 닫고 사는 한겨울, 아파트에서 소리를 지른들 누가 들을 수나 있었을까. 그날 이후 아이들은 손에서 핸드폰을 놓지 말라고 신신당부다.

수술해 철심을 박고 2주일 후 깁스를 한 후 퇴원했다. 꼼짝하지 못한 채, 5개월이 돼서야 그 무겁고 갑갑한 깁스를 풀었다. 깁스를 풀면 날아갈 듯 홀가분해질 줄 알았다. 하지만 왼쪽 발목은 여전히 남의 발목 같다. 그리고 한 쪽 뼈가 덜 붙었다며 간이 깁스를 해준다.

1개월에 한 번씩 병원에 가서 X레이를 찍으며 상태를 체크했다. 단골 대리기사는 돌아가신 자기 엄마한테 못다 한 효도를 내게 대신하듯, 보호자 역할을 극진히 해주었다. 그날도 병원에 갔다 오는 길이었다. 대리기사가 친절히 잘 해주지만 시간이 초과 될수록 요금이 부과되고 한편 미안한 마음도 들었다. 그래서 집까지 데려다 달라 하지 않고 주차장에 차를 세우곤 보냈다.

우리 아파트는 주차장에서 몇 계단 올라와야 엘리베이터가 있다. 늘 다니던 길이니 무심코 한 계단 오르고 두 번째 계단에 왼발을 올려놓는 순간 힘없이 뒤로 넘어간다. 넘어지는 순간에도 수술을 여러 번 받은 허리 생각이 나서 옆으로 몸을 틀었다. 꼼짝할 수가 없다. 아파트 주민이 나를 발견하고 돌아가던 기사를 다시 불러 119차에 올라 D대학병원 응급실로 갔다.

왼쪽 고관절 골절이었다. 이번엔 발목 부러질 때의 고통에 비할 바가 아니다. X레이를 찍는다. 양다리를 벌리고 양쪽 엄지발가락은 삼각형 꼭짓점을 만들게 하고는 수없이 찍는다. 삼각형 꼭짓점을 만들 때마다 비명이 절로 터진다. 너무 아파

몸부림을 치니 장정 두 사람이 내 양팔을 붙들어 꼼짝 못 하게 하고 X레이를 찍는다. 이렇게 아픈 고통은 처음이다. 산통(産痛)보다 더한 고통이다.

도살장에 끌려온 기분이다. 이대로 눈 감고 영원히 뜨지 말았으면 싶다. 2일 후 수술을 받았다. 예전 같으면 고관절 골절이면 주저앉아 평생 걷지 못했다고 한다. 지금은 인공고관절이 나와서 수술해, 걸을 수 있게 된 것이다. 이제 발목의 철심도 빼고 인공고관절 수술한 지도 1년이 된다. 그러나 아직도 왼쪽 발목은 남의 발목 같고 고관절 수술 후, 평형감각이 둔해져서인지 지팡이를 짚고도 누구의 도움 없이는 걷기 힘들다.

모든 것은 파도에 휩쓸리듯 한순간이다.

오래전, 파도에 휩쓸려 떠내려간 것도 한순간이요, 그날 아침 넘어져, 발목 골절상을 입은 것도 눈 깜짝할 사이였다. 더구나 이제 겨우 깁스를 풀고 걸을 수 있을 만하니, 또 넘어져 고관절이 부러질 줄 꿈엔들 생각했겠는가.

이제 나도 허리를 꼿꼿하게 세우고 당당하게 걷고 싶다. 그런 날이 정녕 올 수 있을는지.

벽

벽 · 1

거대한 벽 속에 갇힌 느낌이었다.

경복궁 지하철역에서 하차했다. 어느 쪽으로 나가야 출구가 나오는지 향방을 알 수 없다. 오른쪽은 계단이 보이고 왼쪽엔 에스컬레이터가 보였다. 허리와 다리가 아픈 나는 구세주를 만난 듯 에스컬레이터에 올랐다.

S종합병원 정기검진일이어서 새벽부터 서둘렀다. 제대로 출구를 찾아 택시를 타고 가야 예약된 시간에 도착할 텐데 엉뚱하게 경복궁 민속박물관 쪽으로

들어온 모양이다. 지나는 사람에게 출구가 어디냐고 물었다. 어느 중년부인은 그냥 웃으며 지나가고 중년의 남자는 '일본' 하며 지나간다. 모두 일본 관광객인 듯싶다.

손잡을 만한 곳도 없는 몇십 계단 돌층계가 앞을 막는다. 막막하다. 학생인 듯한 청년이 지나기에 손을 잡아 주기를 부탁해 계단을 올랐으나 각자 갈 길이 달라 헤어졌다. 이제는 가파른 목조 계단이 앞을 막았다. 지나가는 사람은 모두 일인들 같다. '플리즈 헬프 미.(please help me.)' 일본인인 듯한 젊은이의 도움을 받아 힘겹게 내려왔다. 내 나라에서 모국어가 아닌 영어를 해야 통하다니, 영어가 만국 공통어임을 실감했다.

지팡이를 짚고 절룩대며 걸은 지 족히 30분은 된 듯한데 아직도 길은 영 나타나지 않았다. 병원에 가기가 힘들어 심장내과와 내분비내과를 같은 날 같은 시간대, 40분 간격으로 예약을 했다. 더구나 오전 진료 마감시간 가까운 예약시간이었기에 진료시간이 종료되면 어찌하나 식은땀만 줄줄 흘렸다.

시간에 쫓기다 보니 엉뚱한 곳을 헤매게 되었다. 그리고 쉬운 길을 가기 위해 층계를 피해 에스컬레이터를 탄 것이 결정적인 실수였다. 토끼 굴을 피하려다 호랑이 굴을 만난 셈이다.

벽 · 2

  수십 년 전의 일이다. S대학 국문과를 지망했으나 낙방했다. 내 인생에 처음 맞는 실패였다. 자신을 가늠하지 못하고, D대학 장학생으로 가면 어떻겠느냐는 은사님의 권유도 뿌리치고 오직 S대학만 고집한 무모한 도전이었다. 남들은 대학 입시 준비로 밤을 새우는 고3 시절, 나는 하교 후 오빠의 사업장으로 출근해 카운터 일을 보다가 통행금지 시간에 쫓기며 오빠와 함께 귀가를 서두르곤 했다. 집에 도착해 그때야 늦은 저녁을 먹으며 수저를 든 채 꼬빡꼬빡 졸기도 했다. 제대로 준비도 못하고 겁 없이 지원했으며 학교에서도 평소의 나의 실력을 인정해 지원서에 동의해 주었던 것이다.

  낙방의 큰 충격으로 방문을 꼭꼭 닫아걸어 외부와의 모든 연락을 끊고 불면의 밤을 보내게 되었다. 눈만 감으면 소설이나 영화에서 본 별별 사람들이 내 머리 위에 거꾸로 매달려 나를 노려보곤 했다. 눈을 떠보면 아무도 없고 다시 눈을 감으면 달려들었다.

우리 집은 신촌 E여대 뒤 봉원사 입구에 있었다. 그때는 우리 집에서 시내를 나가려면 E여대 앞까지 걸어가야 버스를 탈 수 있었다. 그리고 그 당시 우리 고등학교에서 E대에 지원서를 낸 사람은 거의 낙방하지 않았다. 많은 수의 동창생들이 다니는 학교를 반드시 지나야 대중교통을 이용할 수 있으니 대학에 낙방한 나는 집에 갇혀 살 수밖에 없었다.

그때는 대학이 내 인생의 전부 같았고. 이제 내 인생은 끝이라는 절망만이 가슴을 누르고 있었다. 땅속으로 잦아들고만 싶었다. 햇살 한 줄기 들어오지 않는 동굴 속에 홀로 갇힌 느낌이었다. 지금처럼 재수를 도와줄 학원도 없었으니 홀로 넘어야 할 벽이었다. 그때의 고통에서 생긴 트라우마는 평생 나를 괴롭혔다. 지금도 잠이 오지 않거나 몸이 아플 때, 눈만 감으면 그 영화 속, 사람들이 머리 풀어 산발한 채, 거꾸로 매달려 나를 노려본다.

벽 · 3

갑자기 오한이 난다. 이가 부딪히도록 덜덜 떨리며 힘이 쪽 빠져 손끝 하나 움직일 수 없다. 스산한 겨울날, 부산역에서 딸이 사 준 오뎅고로케 하나를 먹고 웅크리고 앉아 온 것이 문제를 일으킨 모양이다. 속이 좋지 않아 저녁도 먹지 않고 깜빡 잠이 들었다가 너무 춥고 떨려서 눈을 떠 보니 캄캄한 방 안에 나 혼자 누워 있다.

따끈한 차 한 잔 마시면 나을 것 같다. 아니 두꺼운 솜이불 하나 더 덮으면 좀 덜 떨리지 않을까. 그러나 내 옆에는 아무도 없다. 남편을 영영 떠나보낸 후, 혼자 살고 있지 않은가. 분당에 사는 큰아들에게 연락을 해야 하나 아니면 대전에 사는 큰딸, 아니 부산에 사는 작은딸?

이제는 의식조차 가물가물해진다. 이대로 죽을 것만 같다. 마음으로는 그 애의 도움을 받고 싶지만 절대로 연락하지 않을 것이다. 이 밤중에 소란을 피우기도 싫거니와 바쁘게 사는 자식들의 짐이 되고 싶지는 더더욱 않아서이다.

어찌어찌하다가 잠이 든 모양이다. 전화벨 소리에 잠이 깼다. 옆 동에 사는 60년 지기 친구 숙의 전화다. 눈물이 왈칵 쏟아진다.

"숙아! 나 어떻게 해, 누구하고 살아야 하니?"

그 건널목의 자야

자야는 D교육원 가는 날 아침이면 운현궁 앞 그 건널목에서 항상 나를 기다려주었다. 칼바람이 옷깃을 파고드는 추위와 한여름 땡볕도 아랑곳하지 않았다. 더구나 햇볕 알레르기가 있어 고생하면서도 불편한 내 다리의 버팀목이 되기 위해 그곳에서 나를 기다렸다.

며칠 전, 동인회 총회는 꼭 참석하겠다며 그녀의 전화가 왔다. 아무리 기다려도 오지 않는다. 궁금해 전화를 하니 캐나다에 사는 둘째 아들이 받는다.

"어머니는 지금 중환자실에 계십니다. 깨어나시면

직접 전화하시라 전하겠습니다."

 3일 전, 전화했을 때만 해도 감기몸살인 듯하다며 목욕탕에 가서 땀 좀 빼면 거뜬해질 것 같다 하지 않았던가?

 D교육원 수필창작 교실에서 만나 등단을 하고 매주 작품 합평을 하며 우정의 싹을 키웠다. 활달하고 꾸밈없는 성격과 구수한 말솜씨는 회원들 간에 친목을 다지는 윤활유가 되었다.

 진솔한 그의 작품은 깔끔한 세련미보다는 소박한 사람 냄새가 나서 더욱 친근감을 갖게 했다 문학회 세미나, 수필의 날 행사 등 차를 타고 먼 길 떠날 때면 그녀는 언제나 싱싱한 오이를 배낭 가득 짊어지고 왔다.

 "소금에 비벼 깨끗하게 씻어 왔어요. 하나씩 드셔보세요." 하며 회원들의 갈증을 달래주었다.

 강의시간이 오후 1시라서 교육원과 거리가 먼 사람은 점심을 제대로 먹지 못하고 오게 된다. 간식거리로 점심을 때울 때였다. 찰떡과 송편을 사 와서 나는 찰떡을 주고 그녀는 송편을 먹기로 했다. 그녀도 시장했을 터이고 송편은 작은 팩에 든 것 하나뿐이다. 강의실로 들어가더니 회원들 입에 한 개씩 넣어준다. 자기 입에 들어가는 것보다 남의 입에 넣어주는 것을 더 즐겼다. 마음속에서 우러나와 하는 것이지, 누가 시킨들 그렇게 할 수 있겠는가?

그녀의 2학기 마지막 수업이 된 날인 것 같다. 스산한 겨울 오후, 수강시간이 끝나면 오후 3시경이 된다. 배 속에선 쪼르륵 소리가 날 때다. 그녀의 가방에서 정성스레 싼 비닐봉지가 나온다. 탐스럽게 익은 대봉감이 고개를 내민다.

"올해는 대봉감이 풍년인가 봐요. 싸길래 며칠 전, 마트에서 샀어요." 하며 터질세라 조심스럽게 한 사람, 한 사람씩 나누어 준다. 그것이 그녀가 준 마지막 선물이 되었다.

설악산 봉정암 가기를 염원하면서도 항상 벼르기만 할 뿐, 나는 아직 한 번도 오르지 못했다. 그녀는 무릎관절염으로 연골주사를 6개월에 한 번씩 맞으면서도 3번이나 다녀왔다고 했다. 부처님께 올릴 공양미와 미역을 등에 지고 그 험한 산길을 땀을 비 오듯 쏟으며 올랐을 것이다. 자식을 위한 지극한 모정이 아니면 그렇게 여러 번 오를 수 있는 길이 아니다.

그 공덕이었던지 지난 해, 대기업에 다니던 셋째 아들이 이사로 승진되었다며 '가문의 영광'이라고 기뻐하던 모습이 어제인 듯 생생하다.

살던 집이 지은 지 30년이 넘어, 손볼 곳이 많다며 헐고 다시 신축을 했다. 5층짜리 상가주택을 지었다. 딸의 명의로 된 집이지만 자기 풀기 있을 때 다시 지어 셋돈이라도 받아 생활하게 해야겠다며 주위의 만류도 무릅쓰고 집을 지었다. 자기 명이 얼마 남지 않았음을 예측이라도 한 듯, 서둘러 완공해서 이사 온 직후 홀홀 떠난 것이다. 아낌없이 모두 주고 간 것이다.

80이 내일 모레인데도 젊은이처럼 몸 사리지 않아 주위 사람도 그녀의 나이를 잊게 했다. 씩씩하고 활달하던 그가 갑자기 우리 곁을 떠나다니 아직도 실감이 나지 않는다.

특히 내게는 더욱 애정과 신경을 많이 써 주었다. 교육원 가는 날 아침이면 늘 전화가 왔다. 집 짓는 큰 공사를 하면서도 행여 나와 만날 시간에 늦지 않으려 미리 연락을 잊지 않았다. 그의 집은 서울의 동쪽 끝이고 우리 집은 서쪽 끝이다. 같이 걸을 수 있는 길은 그 건널목에서 만나 교육원 교정을 거쳐, 강의실로 들어가는 길뿐이다. 층계를 혼자 오르지 못하는 것을 알기에 항상 나를 챙겼다.

30년을 다닌 곳이기도 하고 반가운 얼굴들 만나고 내가 아직도 살아있음을, 실감하기 위해 가는 곳이기도 했다. 하지만 그녀의 사랑과 보살핌이 없었다면 불가능했을 것이다.

아니 내가 가지 않으면 언제까지나 그 길에 서서 나를 기다리고 있을 것만 같았다. 어느 살붙이보다 살뜰한 그녀의 정에 보답하기 위해서라도 힘들지만 즐거운 마음을 갖고 교육원으로 향했던 세월이었다.

아직도 자야가 그 건널목에서 나를 기다리고 서 있을 것만 같다.

껍데기가 모이는 곳

한 여인이 다가온다.

"어디 살아요?." 말없이 깔깔깔 웃는다. 무슨 말을 묻든 재미있어 못 견디겠다는 듯 계속 웃기만 한다. 가족과 떨어져 간병인과 살면서도 항상 밝게 웃는다. 그러나 자기 의사 표시는 정확하게 한다. 종일 밖으로만 나도는 환자를 쫓아다니느라 피곤한 간병인이 의자에 앉자고 하면 도리질을 하며 달아난다. 어쩌다 치매가 왔을까. 이 여인도 가족을 위해 자신의 모든 것 아낌없이 주었을 것이다. 그래도 가정형편이 넉넉해서 독방에 간병인을 두고 있다. 그렇지 못한 환자는 4~5인을 한 사람이 돌봄으로 외부활동 하기가 어렵다.

스스로 거동할 수 있는 남자 노인 환자들은 삼삼오오 병원 밖, 의자에 앉아 담배를 피운다. 병원 안에서는 못 피우니 바깥바람이 쌀쌀한데도 밖의 의자를 찾아 나온 것이다. 담배 연기 속에 고독이 묻어나는 듯…. 갈 길, 멀지 않은 사람들이니 밖에서 피우는 담배는 허용하는 눈치다. 이들도 지난날 한 가정의 가장으로서 온 힘을 다해 살았으리라. 이제 빈껍데기가 되어 이곳으로 온 것이다 재활의지가 있는 환자는 로비에서 혼자 운동기구를 이용해 열심히 운동을 한다. 2층에도 운동기구는 넉넉하다. 오히려 이용하는 사람이 없어 적막하기까지 하다.

만나는 환자마다 "안녕하세요?" 반갑게 인사를 한다. 다른 일반병원과 달리 환자들이 우리를 반갑게 맞아주니 처음엔 당혹감마저 느꼈다. 같은 환자라는 동질감에서일까. 외로움에서 오는 인간에 대한 그리움에서일까.

휴일이면 가족들이 먹을 것을 싸들고 삼삼오오 찾아온다. 가족이 자주 찾아오는 환자는 표정이 밝고 생기가 있다. 찾아오지 않는 환자는 환자들끼리도 따돌림을 받는다고 한다. 따라간다고 할까봐 병원까지 와서도 병원비만 지불하고 만나지도 않고 가는 가족도 있다.

척추수술을 여러 번 받아 수술이라면 36계 줄행랑치고 싶은 내게 무릎인공관절수술을 해야 한다는 진단이 내렸다. 이곳 요양병원 원장 양박사가 프롤로테라피 치료의 권위자라 해서 이곳까지 찾아왔다. 이것은 인대재생치료법으로 인대를 재생, 강화시켜 관절을 고정시킴으로 관절염 재발방지 및 통증을 완화하고 없애주는 최신 치료법이라 한다. 더구나 이번 겨울에 고관절 인대마저 다쳐 고통이 이만저만이 아니다. 걷지도 못해 지팡이를 짚고 친구와 지인의 도움을 받으며 2주간의 입원치료를 받게 되었다.

병실은 벽면 중간 높이까지 편백나무로 인테리어를 해서 물을 뿌려주면 편백나무향이 은은하게 풍겨온다. 세끼 따끈한 식사에 화장실 변기도 비데가 설치되어 불편하지 않다. 병원 밖은 소나무와 편백나무로 된 우거진 숲으로 둘러싸여있어 공기가 맑다.

친구는 복잡한 서울을 떠나 이곳 장성 요양병원으로 가끔 휴양 차 온다고 한다. 그런데 나는 어서 집에 가고 싶다. 다리를 못 써, 서서 옷을 입을 수 없어 좁은 침대 위에서 옷을 갈아입는 것이 너무 힘들다. 병실 바닥은 우리집 안방처럼 뭉갤 수가 없다.

아침 9시부터 물리치료도 받고 또 재활치료가 필요한 환자는 재활지료를 받는다. 물리치료를 받을 때 옆 침대에서 노랫가락이 흥얼흥얼 들려온다. "치료를 받으면 무얼~하나. 갈 곳은 오직~ 한 곳~뿐인데~⋯⋯." 저 부인도 가족을 위해 모든 것 다 주고 빈껍데기가 되어 이곳까지 오게 되었겠지.

껍데기들이 마지막으로 오는 곳. 물론 우리처럼 잠시 치료 받으러 오는 사람도 있고 재활치료차 오는 사람도 있다. 하지만 요양병원이란 한번 들어오면 죽어서야 나가는 곳으로 생각한다. 가족이 보살필 수 없는 치매나 중풍환자들이 이곳으로 오게 된다. 환자들이 이곳으로 올 때는 가족에게 버림받았다는 생각으로 삶의 의지를 버린다. 그래서 그들은 하루하루 시간을 죽이고만 있을 뿐 남은 시간을 가치 있게 사용할 생각은 못한다.

이곳 요양병원에 3년째 입원하고 있는 환자다. 그분은 참으로 긍정적으로 산다. 물론 가족들도 수시로 먹을 것도 부쳐

오고 용돈도 넉넉히 송금해 온다. 집이 가까워 몇 주에 한 번 집에 다녀오기도 한다. 왜 집에 가서 하룻밤 편히 쉬고 오지, 그냥 되짚어 오냐고 물으면 여기가 더 편하단다. 그분은 고혈압 당뇨 등 여러 가지 지병을 앓고 있고 뇌수술도 여러 번 받았다. 농촌에서 식구들이 바쁘게 일하는데 그냥 있을 수 없어, 거들다 보면 몸의 무리가 와서 딸들이 서둘러 입원시켰다고 한다.

그분은 가족들이 사랑으로 보살피고 언제나 돌아갈 집이 있다고 생각하니 항상 표정이 밝다. 대화할 사람이 없다며 우리 병실을 자주 찾아온다. 아침이면 곱게 화장도 하고 하의만 환자복을 입고 상의는 밝은색의 옷을 단정하게 입는다. 생을 포기한 환자들은 잘 씻지도 않으려 하고 움직이지도 않고 멀뚱멀뚱 천장만 쳐다보거나 잠만 잔다.

돌아갈 곳이 있다는 것. 나를 반겨줄 사람이 있다는 것. 이것이 사람이 살아가는 데 원동력이 되고 활력을 줄 것이다. 건강할 때, 가족에게 남김없이 주고 빈껍데기가 되어 병만 남은 사람들, 그들이 마지막 가는 길에 이곳으로 왔다.

이들에게 꿈을 줄 방법은 없는 것일까.

너를 보낸다

　창밖, 네 자리가 오늘도 텅 비어 있구나
　언제까지나 내가 나오기만 기다려주던 너. 이제 멀리 떠나보낸다. 큰딸 시집보내고 이 방, 저 방, 문을 여닫으며 딸을 찾아다니듯 눈만 뜨면 네가 있던 자리를 찾는다.
　세상에서 너 같은 친구가 또 어디 있으랴. 제대로 걷지 못하는 나를 위하여 고삐만 잡으면 어디고 군말 없이 데려다주었지. 일요일 새벽, 텅 빈 거리를 질주할 땐 우리는 한 몸이 되어 하늘을 나는 기분이었어. 호수공원 주차장에 너를 매어 놓고 실버카를 밀고 공원을 돌았지. 수면 위로 번지는 물안개와 꽃, 나무들과 눈 맞춤을 하다 보면 3~4시간이 훌쩍 지나가곤 했지. 그래도 넌 한 번의 눈흘김도 없이 반겨주었어.

때론 집안에서 마음이 상해 무작정 집을 나오면 막상 갈 곳이 없었어. 그럴 땐 음악을 들으며 마음을 달랠 수 있는 유일한 휴식처가 되어 주기도 했어.

쭉 뻗은 몸통을 햇빛에 반짝이며 나타났을 때, 황홀해서 눈을 바로 뜨지도 못했단다. 몸에 상처라도 생길세라 씻어주고 어루만지며 갓난아기 다루듯 했지. 그러나 우린 너무 늦게 만난 것일까. 나의 두 번의 낙상과 오랜 투병생활로 넌 항상 기다리기만 했고, 난 너를 바라보며 함께 쌩쌩 달릴 날을 손꼽아 기다렸지.

조심스럽게 새벽 수영장과 근처 마트 정도는 힘께하게 되었지. 그러나 건강은 점점 나빠지고 가족들은 너를 떼어놓으려고 했어. 그래도 보낼 수는 없었어. 마침내 결정적인 날이 오고야 말았어. 인공고관절 수술 후유증인 줄만 알았던 나의 느린 움직임이 병 때문이라는 거야.

남편이 영영 내 곁을 떠난 지 10여 년, 불면(不眠)의 나날이 계속되었지. 그 불면은 결국 뇌에 도파민 부족을 초래해 불치의 병을 가져왔다 하는군. 주변에서 그 병을 앓는 사람을 보며 안타까워했는데 그게 내게 왔다는 사실은 하늘이 무너지는 느낌이었어. 그때 수필가 윤모촌 선생이 이 병을 앓으며 담담하게 쓴 글이 생각났어.

'나이가 80에 다다라서 살 만큼은 살았다는 것을 확인하는 사실이다.'라는 구절이었어. 얼마 있으면 이 세상 떠날 것이니 크게 걱정할 일은 아니란 뜻이겠지. 나도 그때의 윤모촌 선생과 같은 나이에 이른 것이야.

애마(愛馬)! 내 병은 너의 고삐를 잡아서는 안 된다는구나. 그러니 혈기왕성한 너를 언제까지 곁에 묶어 둘 수는 없지 않겠니? 창밖으로 너를 바라보며 어서 나아 너와 달릴 날을 고대하면서 그 힘든 병마를 견뎠는데….

네가 온 지 얼마 되지 않았을 때였어. 친구 숙과 함께 외식을 하려고 그의 집을 찾았지. 집 앞에 주차하려고 브레이크를 잡고 정지 버튼을 내렸어. 그런데 갑자기 주차장을 지나 화단으로 돌진하는 것이야. 깜짝 놀라 다시 후진해서 주차장에 세우려 했어. 그러나 너는 성난 말이 되어 껑충껑충 뛰며 좌충

우돌하는 것이야. 할 수 없이 화단의 큰 나무를 받은 후에야 멈추었지.

네가 너무 힘에 부쳤던 것일까. 그 후론 더욱 조심, 조심 다루게 되었고 너도 나를 맞추며 너의 힘을 아꼈지. 이제 겨우 서로를 알고 조율해 하나가 되었는데 갑자기 헤어져야 한다는구나.

너도 기억할 거야. 속초에서 거제도까지 왼편에 푸른 바다를 끼고 달리던 그때를. 그 신나는 질주를 다시는 할 수 없다는 사실이 믿어지지 않아. 지난해에는 너와 함께 그토록 다시 가고 싶었던 조용한 남해에서 오랜만에 가족끼리 오붓한 내 생일을 맞이하기도 했지.

이제 걷지도 못하는 나는 꼼짝 못 하고 이리 살아야 한다 생각 하면 이것은 사는 게 아니란 생각뿐이야. 두 다리를 몽땅 잘린 기분이거든. 움직일 수 없다는 것이 얼마나 큰 고통이며 형벌이라는 것을 당해보지 않은 사람은 모를 것이야. 더구나 나 같이 가족 없이 걷지도 못하며 혼자 생활하는 사람에겐 더 말해 무엇 하겠어.

이곳엔 장애자가 살지 않는지, 아니면 오랫동안 여기에

둥지를 튼 나의 대한 배려인지 네 자리는 오늘도 텅 비어있구나.

뻐꾸기 둥지로 쫓겨난 새

요양원 원장에게 직접 전화를 했다.

친구 영을 바꿔 달라고 아무리 사정을 해도 바꿔 주지 않는다. 얼마 전, 친구와 통화할 때 '나 좀 도와 달라.'던 그녀의 처절한 목소리가 지금도 귀에 쟁쟁하다.

그녀는 70년대 초, 빈손으로 미국 이민 길에 올랐다. 온 가족이 노력해 땅을 사고 건물을 지어 조촐한 식당을 차렸다. 이제 빚도 다 갚고 도시가 개발되어 건물 값도 많이 올랐다.

10여 년 전, 갑작스러운 뇌출혈로 하늘나라로 남

편을 보내고 말았다. 식당은 아들과 사위가 함께 운영하였다. 식당 명의는 남편에게서 그녀로 바뀌었다. 그러나 상속지분은 아들, 딸. 영 셋의 이름으로 공증을 했다. 지난 해. 딸이 독립하겠다고 해 그 지분만큼의 돈을 해주었다. 그리고 식당 명의를 아들 이름으로 바꿔주고 집도 팔아 아들네 집으로 들어갔다.
 '왜 끝까지 네 명의로 갖고 있지 아들에게 주었냐.'고 하니 우리 아들은 효자가 되어 괜찮다고 했다.
 아들과 함께 산 지 8개월이 되던 어느 날 새벽 2시, 아들이 보따리를 싸서 영을 딸네 집으로 보냈다. 그러자 딸은 엄마 지분을 다시 나누어야 하지 않겠냐고 말했다고 한다.
 그녀는 평생 새벽 3시면 일어나 식당에 나갔다. 그 시간에 잠이 깨니 그냥 습관적으로 가게로 나가 야채를 썰어놓고 화장실 청소를 하며 아들이 출근하기를 기다리곤 했다. 그러던 어느 날 갑자기 집을 잃어버려 헤매는 일이 생겼다. 그 후 운전도 못 하고 혼자 길을 나서기가 힘들어졌다. 그리고 갑자기 한쪽 눈이 보이지 않게 되었다.
 지난여름 나는 캐나나 아들집에 3개월간 가 있었다. 한국에 있을 때는 자주 전화하지 못했으나 그곳에서는 매주 영에게 전화를 했다. 전화를 받으면 늘 같은 말만 되풀이한다. 그렇다고 전혀 의사소통이 되지 않는 것은 아니지만 내게 말한 것을 잊어버리는 것 같았다. 눈에 넣는 약이 무척 비싸다며 그래도 아들이 계속 병원에도 데리고 다니고 약도 떨어지게 하지 않는다며 매번 아들 자랑이다.

어느 날, 미국에 있는 다른 친구에게서 전화가 왔다. 영이 요양원에 들어간 것 아니냐고…. 영에게 전화를 했다. 그녀는 이제 그곳에서 영영 나오지 못하고 죽을지도 모른다며 울면서 하소연이다. 동맥을 끊으려고 팔에 칼도 대 보았으나 죽지 못했단다. 그곳에 호수가 있어 뛰어들려고 해도 감시가 심하다며 아들딸에게 속은 게 너무 분하다고 울부짖는다.

"얘! 너는 설득력이 있으니 우리 애들에게 말 잘해서 나 좀 여기서 꺼내줘. 부탁한다."

요양원은 그녀의 자녀가 사는 곳에서 비행기로 4시간 다시 자동차로 4시간을 더 가야 하는 곳이다. 그녀는 영어도 못하고 하루 세 끼 한식을 즐긴다. 이곳은 한국 사람이 운영하는 곳이고 경치도 좋아 엄마가 좋아할 것 같아 모셨다는 딸의 말이다.

한 달에 4천불씩 보낸다고 한다. 3천불은 요양비고 천불은 영의 용돈이다. 그녀는 자기가 살던 집 근처 조그만 아파트에서 간병인 두고 혼자 살고 싶단다. 이국땅 아무도 찾아오지 않는 외진 곳에서 얼마나 외로울까. 그 식당을 팔아서 3등분으로 나누었으면 수중에 돈이 있어 그가 하고 싶은 대로 했으리라. 30년간 운영해 온 식당이라 아들에게 물려주고 싶어 그리하고 나니 지금의 처지가 된 것이다.

영은 딸이 가게 명의를 다시 그녀의 이름으로 이전해 놓을 테니 그때까지 한 3개월 가서 요양하고 있으라고 해서 왔다. 그러나 그 이면에는 그녀의 지분을 다시 아들딸이 나누는 문제가 있을 뿐이었다. 그곳에 온 지 이제 1년이 다 되어간다. 요양원에서는 사진을 찍어 딸에게 보내면서 그녀가 편히 지내는 것처럼 안심시키는 것 같다.

요양원에서 처음 한 번은 전화를 바꿔주었다. 그러나 전화 내용이 그곳을 떠나게 해 달라는 것이니 이제는 바꿔주지 않는다. 마음잡고 있는 사람 자꾸 전화해서 들뜨게 하지 말란다. 한 달에 4천 불씩 받는 VIP 고객인데 빼내 갈 것을 우려하는 눈치다.

「뻐꾸기 둥지 위로 날아간 새」라는 지난날에 본 영화가 생각난다.

범죄자인 맥머피는 교도소에서 정신병원으로 후송된다. 정신병원이 감옥보다는 자유로울 것으로 생각하고 거짓으로 정신병자 행세를 한다. 그러나 정신병원이 감옥보다 더하다는 것을 깨닫는다. 그 병원 환자들과 생활하면서 그들이 겉으로는 전혀 문제가 없어 보이지만 보이지 않는 병원 내의 압력에 의해 짓눌려 사는 죽은 인간들임을 간파한다. 그러한 압력의 주범이 수간호사임을 알게 된다. 그녀는 환자들을 모르모트처럼 생각하고 환자가 발작을 하면 약물요법과 독방 감금 등을 통해 살아있는 시체로 살아가게 만든다.

행여 요양원에서 치매를 더 악화시켜 살아 있는 시체처럼 만들지는 않을까. 사립요양원은 치매 등급에 관계없이 받아주는 것이 미국이나 한국이나 마찬가지인 것 같다.

영은 내게 도움을 청하지만 나는 아무것도 해줄 수가 없다. 오히려 머지않은 날, 나의 자화상을 보는 듯해 마음만 무겁다.

영을 요양원에 보내고 나서 자식의 마음인들 편할 수 있겠는가. 딸은 집을 옮겨서 엄마를 다시 모셔 와, 낮에는 간병인에게 맡기고 저녁에는 식구들이 돌보겠다고 한다. 하지만 평생 새벽에 일어나 움직이던 그녀와 한 공간에서 생활한다는 것이 그리 용이하지는 않을 것 같다.

아직 치매 초기인 영이 자기가 버림받았다는 정신적 충격으로 더 심해질 것 같아 안쓰럽다. 행여 무슨 사고라도 저지를까 조마조마하다. 딸이 영과 함께 살 집을 하루빨리 구해 그녀가 가족의 품으로 돌아가기만 바랄 뿐이다.

왜 나는 그 요양원이 맥머피를 산송장으로 만든 그 정신병원으로 연상될까. 그리고 초점 잃은 눈동자로 그녀가 살던 먼 하늘을 바라보며 점점 기력을 잃어가는 영의 모습이 자꾸 어른거리는지 모르겠나.

우정의 한계

친구 숙이 연락을 끊은 지 오래다. 너무 궁금해서 견딜 수 없었다. 숙의 이사 간 집 주소를 들고 새벽부터 서둘러 길을 나섰다. 혹시 중병이라도 걸린 것은 아닐까. 이 세상 사람이 아니면 어쩌나? 그렇지 않고서야 몇십 년 우정을 이렇게 무 자르듯 할 수는 없다고 생각했다. 별별 생각에 쫓기며 달려갔다

그런데 그녀는 잘 살고 있었다. 당황스러운 나는 어쩐 일로 연락을 끊었느냐고 물었다. 숙은 전에 내가 ○○지인과 대화하는 것을 들으니 자기하고는 다른 세계를 사는 사람이라는 생각이 들었다고 했다

몇년 전, 숙이 갑자기 우리집에 찾아왔다.

"나 어디든 데려다 줘. 속이 터져버릴 것 같아." 나는 말없이 콘도 예약과 부산행 KTX 승차권을 구입했다. 그렇게 떠나온 여행이었다.

해운대 바닷가, 모래사장을 갈매기 떼의 마중을 받으며 걸었다. 바다 위, 저녁노을이 붉게 물들고 있다. 모처럼 둘만의 오붓한 시간이었다. 바다는 항상 사람의 마음을 푸근하게 품어주었다.

방파제에 부딪치는 파도소리를 들으며 쌓였던 이야기를 밤새워 풀어놓았다. 광안대교의 현란한 불빛이 사그라질 무렵 고기잡이배의 집어등 불빛은 대낮같이 밝았다.

다음 날 아침 산책길, 동백섬 동백꽃은 기름을 바른 듯 반지르르 윤이 흐르고 초록 잎 사이로 새빨간 꽃망울을 터뜨리고 있다. 약속 장소에서 숙의 지인을 만났다. 동백섬 입구 조선비치 호텔 커피숍, 바다가 통유리 안으로 와락 달려드는 창가에 앉았다. 지인의 세계여행 이야기에 응답하다 보니 숙이 비집고 들어설 자리도 주지 않고 둘만의 이야기가 되었다. 나는 지인을 대접하는 차원이었지만 해외여행을 가지 못한 숙으로서는 소외감만 느낀 먼 나라 이야기가 아니었을까.

새로 사 입은 숙의 고급 니트 재킷이 너무 꽉 끼어 보였다. "조금 넉넉한 사이즈면 좋았을 것을…." "누가 그걸 모른대?" 숙의 대답이 날카로웠다. 숙답지 않은 반응이었다. 아차! 실수했구나. 과체중에 민감한 숙의 아픈 곳을 찌른 셈이었다. 더 큰 치수가 없었던가 보다.

숙은 나의 직장 동료였다. 60년대 초, 오빠의 사업 실패로 가장이 된 나는 공무원 박봉으로 한 달을 버텨가기 힘든 때였다. 숙의 집은 시골에서 가을이면 추수를 해 와, 항상 곡식을 쌓아놓고 먹었다. 어느 날 숙의 어머니가 집을 비운 사이 숙이 뒤주에서 한 자루 쌀을 담아 주었다. 그때의 고마움을 어찌 잊을 수 있겠는가? 그 뿐인가. 내가 류머티즘 관절염으로 고생할 때였다. 몇 달을 두고 매일 와서 한방 치료를 해주기도 했다. 여름이면 내 고질병인 당뇨에 좋다며 콩을 삶아 갈아서 시원한 콩 국물을 해오던 친구다. 그런 친구를 잃을 순 없었다.

그 후 전화. 카카오 톡 등 수없이 연락을 해도 받지 않았다. 물론 이번 여행이 즐겁지 않았던 것은 아니다. 하지만 숙을 위해 다녀온 여행이었는데, 이토록 연락을 끊다니….

  직설적인 시누이의 언사로 가슴앓이를 하며 나에게 하소연하던 숙이었다. 행여 내게서 시누이에게서 받던 상처를 받은 것은 아닐까.

  나의 개인 수필집, 동인지 등을 4~5년간 꾸준히 보냈다. 그래도 통 연락이 없다. 예전엔 나의 글을 받으면 곧바로 연락이 오곤 했다. 때로는 교회 잡지에 실릴 글이라며 숙의 글을 읽어주기도 했다.

  이제는 끝이다. '싫다는 사람 더 이상 접근하는 것도 숙에게 부담이 될 것'이라 생각했다. 그런데 지난주 갑자기 숙에게서 연락이 왔다.

  "나 너의 집에 가도 돼?" 약간 서먹하고 미안함이 깔린 부드러운 목소리였다. 몇 해 묵은 체증이 확 뚫리는 듯했다. 얼마나 바라고 기다리던 일이던가?

  많은 친구를 갖고 있진 않아도 몇몇 절친한 친구가 있다고 자부하던 나였다. 그러나 이번 일을 당하며 나만의 짝사랑을 한 것인지도 모르겠다는 생각이 들었다.

  돌이켜보면 직설적이고 외골수인 나의 성격에서 비롯된 것이 아니었을까 싶다. 그 오만이 친구를 잃어버릴 뻔했으며 나를 외톨이로 만드는 것은 아닌지.

하루 또 하루

섭씨 35~36도를 오르내리는 날씨다.

뜨거운 찜질팩을 엉덩이와 양쪽 어깨 세 곳에 대고 누워있다. 찜질을 하지 않으면 쑤셔서 아픔을 견딜 수 없다. 줄줄이 땀을 쏟으면서도 식으면 다시 데워 제자리에 얹는다. 유난히 더위를 타는 체질이어서인지 펄펄 끓는 불가마 속에 들어와 있는 느낌이다.

베란다에서 넘어져 왼발 복사뼈가 골절되었다. 이제 깁스를 풀고 겨우 걸을 수 있게 되었는데 아파트 계단을 오르다 다리에 힘이 풀리며 풀썩 주저앉다. 꼼짝할 수가 없다. 이번엔 고관절이 부러진 것이다.

　인공고관절을 넣는 수술을 받았다. 수술은 잘 되었다고 했다. 이제 몸조리만 잘하면 예전처럼 걸을 수 있으리라 믿고 재활치료에 매달렸다. 처음에는 걷는 것만 불편했지 이토록 아프지는 않았다. 어느 날 갑자기 수술자리 옆 엉덩이가 쑤시고 아파 앉을 수가 없다. 허리수술 후 오래 서 있지 못함을 아쉬워했다. 앉지 못하는 것이 서 있을 수 없을 때보다 더 고통스럽다. 앉을 수 없으니 누워있을 수밖에 없어 아무것도 할 수가 없다. 아무것도 할 수 없다는 참담함은 살아 있어도 죽은 목숨이나 마찬가지라는 깊은 절망에 빠져들게 했다.

　몇 해째 이런 삶을 살고 있다. 명의를 찾아 지방까지 다니며 고가(高價)의 프롤로 주사도 맞았다. 처음에는 차도가 있는 듯하다가 다시 재발했다.

　어느 날 아침, 일어났더니 오른쪽 어깨가 아파 팔을 들 수 없었다. 다음 날엔 왼쪽 어깨마저 아팠다. 처음엔 잠을 잘못 자서인가 싶었다. 오십견도 의심해보았다. 병원에선 아니라고 할 뿐 병명도 알려주지 않았다. 팔을 못 움직이는 것보다 쑤시는 게 더 괴롭다. 세 군데가 한꺼번에 아프니 이번 통증은 영원히 눈 뜨고 싶지 않을 만큼 극심했다.

일전에 병원을 찾았을 때다. 산부인과가 눈에 들어왔다. 종합병원에 산부인과가 없다면 아이의 고고성(呱呱聲)을 들을 수 없을 테니 얼마나 삭막할까 싶었다. 갑자기 막내를 출산하던 때가 떠올랐다.

몇십 년 전, 진통이 와서 병원에 입원했다. 극심한 진통에 입술이 타들어가고 정신마저 혼미해졌다. 곧 분만실로 가려니 하곤 깜빡 잠이 들었다. 깨어보니 그대로 분만대기실이었다. 진통이 멎은 것이다. 그렇게 6시간 진통이 왔다가 다시 6시간 잠잠했다. 초산부들도 24시간 내에 거의 산고를 끝냈다.

밤중에 구급차의 사이렌 소리가 요란했다. 곧이어 분만실의 다급함이 느껴졌다. 개인 병원에서 산고를 치르다 위급해져서 큰 병원으로 오는 것이라 했다. 산모와 아이 모두 잃었다는 소식이 들려왔다. 와락 겁이 났다. 그날도 8명의 임신부들이 다 나가고 나만 혼자 대기실에 누워있다.

의사는 나를 살피느라 퇴근도 못하고 대기실을 들락거리며 안절부절못했다. 그 당시 종합병원 분만대기실에는 보호자도 들어오지 못했다. 남편도 이 고통을 실감하지 못해서일까. 고

집을 꺾지 않아 힘든 출산을 하게 되었다.

  임신부들의 비명소리로 날이 밝고 또 저물었다. 초산도 아닌데 왜인지 모르겠다며 의사가 고개를 갸웃거렸다. 끝내는 의사가 남편에게 유도분만을 권유했다. 남편은 아이에게 지장이 있다며 그토록 반대하던 유도분만을 마침내 승낙했나 보다. 링거병에 달린 출산 촉진제가 바닥을 보이고 있다. 아이가 잘못되면 어쩌나 하는 두려움에 떨며 그렇게 3일, 저물녘이 되어서야 막내를 얻었다. 3.8킬로그램의 아들이었다. 아들을 품에 안으며 지금까지의 모든 고통은 까맣게 잊고 온 세상이 내 것 같았다.

  갑자기 어깨가 더 아파왔다. 통증을 잊으려 아름다운 추억여행에 빠졌었나 보다. 늘 누워만 있으니 밤에 잠도 오지 않고 겨우 잠이 들어도 금세 깼다. 발에 쥐가 나서 깨고 요의(尿意)를 느껴 또 깼다. 하루 저녁에 5~6번을 일어나다 보면 늘 잠이 부족하고 항상 어지러웠다. 하도 어지러워 병원에 가서 정밀검사를 받았다. 파킨슨병 진단이 나왔다. 전혀 예상하지 못했던 병명이었다. 손이나 발을 떨지도 않는다. 다만 몸이 아프니 마음대로 움직이지 못해 행동이 느릴 뿐이다. 고관절 수술 후유증이려니 생각했다.

왼발이 나가면 오른발이 뒤따라 나가야 걸을 수 있다. 그러나 파킨슨병은 오른발이 바닥에서 금세 떨어지지 않는다. 왼발이 몸을 지탱하지 못해 휘청거리며 쓰러지려 한다. 얼른 아무것이나 잡지 않으면 넘어진다. 때로는 갑자기 걸음에 가속이 붙어 멈출 수가 없다. 어디고 부딪쳐야 멈춘다. 뒤따라 넘어진다. 그리고 골절이다. 이 병은 평형감각이 둔해져 균형을 잡지 못하는 것이 문제인 것 같다. 하루 또 하루 넘어지지 않으려 살얼음 위를 걷듯 한다. 매일 가슴 졸이며 통증에 시달리는 이 삶은 언제까지 계속될 것인지….

출산의 고통은 환희가 따르지만 끝이 보이지 않는 이 고통의 끝은 어디일까.

괴발개발

　이건 정말 괴발개발이다. 내가 쓴 글씨를 보면 얼른 감추고 싶고 주눅부터 든다.
　초등학교 때 연필 글씨는 또박또박 반듯하게 썼다. 중고등학교 때, 펜에 잉크를 찍어 쓰거나 만년필을 쓸 때만 해도 달필은 아니어도 악필은 면했다. 때때로 마음에 드는 글씨를 보면 따라 써보기도 하며 예쁘게 써보려고 노력도 했다.
　대학에 들어가서는 교수님이 판서를 해 주지 않아 강의 내용을 받아 적는 데에만 신경을 썼다. 괴발개발이라도 내용 빠트리지 않고 받아 적는 데에 더 열

중했다.

  대학 다닌 사람이 다 나같이 악필은 아니지 않은가? 이것 또한 핑계일 뿐이다. 하지만 선천적으로 졸필인 내가 그동안 노력의 대가로 그나마 악필은 면했던 것이 노력조차 하지 않으니 본성이 드러난 것이리라. 더구나 급한 성격은 빨리 받아써야 한다는 압박감에 더욱 악필이 되었다.

  잡지사에 근무한 적이 있다. 그때는 작품을 육필로 원고지에 쓸 때였다. 내로라하는 분들의 원고를 읽다 보면 달필은 고사하고 무슨 글자인지조차 알아볼 수 없게 써서 다시 정서하는 일도 있었다. 하나하나 활자를 찾아서 인쇄하던 시절이라 글자 수정하기가 어려웠다. 이런 분들의 글씨도 이렇게 악필인데 굳이 글씨 예쁘게 쓰려고 노력할 필요는 없지 않은가? 오히려 늘 판서를 하는 초등학교 선생님이 글씨는 더 잘 쓰는 것 같았다. 내 악필을 변명하기에 급급했다.

  나의 학창시절에는 시험도 객관식이 아닌 주관식 출제였다. 무엇에 대하여 논하라는 문제였다. 내 악필의 수난기였다. 내 글씨를 보면 아무도 읽지 않으려 할 것이다. 잘 썼든 못 썼든 아무튼 읽어는 봐야 내용을 알 것 아닌가?

더구나 시험시간에 쫓기다 보면, 점점 괴발개발이 되었다. 할 수 없이 요점 정리를 잘해서 중요 부분에 밑줄을 치거나 일목요연하게 정리하는 데 중점을 두었다.

결혼 후, 주부로 살다 보니 별로 글씨 쓸 일도 없어졌다. 일기 쓰는 게 고작이었다. 그러나 일기는 나 혼자 보는 것이니 글씨에 신경 쓸 필요는 없다. 더구나 누구에게 이야기할 수 없는 내용을 흥분해서 쏟아놓는 넋두리니 글씨는 더욱 엉망이 되었다.

80년대, 내가 처음 글을 쓸 때에는 컴퓨터가 보급되기 전이었다. 노트에 쓴 것을 원고지에 정리해가며 글을 썼다. 무슨 하고 싶은 말이 그렇게 쏟아져 나오는지 미처 손이 이를 따르지 못했다. 가슴속에서 쏟아져 나오는 말을 받아 적다 보니 글씨가 문제가 아니었다. 어서 빨리 내가 하고 싶은 이야기를 써서 문장을 만들고 하나의 작품으로 완성하고 싶은 욕망뿐이었다.

90년대, 컴퓨터가 보급되면서 컴퓨터로 글을 쓰기 시작했다. 구세주가 따로 없었다. 어느 문인이 작품 퇴고를 하다 보면 원고 파지가 많이 나와 '원고료를 받아들고는 원고지 값인

줄 알았다.'는 말이 있다. 아무리 노트에 썼던 글을 원고지에 옮겨 쓴다 하더라도 나같이 졸필인 사람은 파지가 많이 나왔다. 그런데 컴퓨터에서 작품을 직접 쓰면서는 파지도 안 나올 뿐더러 문단과 글귀를 이리저리 옮겨가며 작품 퇴고를 하다 보니 이렇게 간편할 수가 없었다. 날아갈 듯했다. 아! 글씨에 대한 열등감에서의 해방이었다. 어느 정도 글을 쓰다 보니 작품의 대한 안목도 높아졌다. 두서없이 쏟아놓던 넋두리에서 쓸 것과 뺄 것을 가려가며 썼다. 서툰 컴퓨터 실력은 속도보다는 오타가 나오지 않도록 유념했다.

은행이나 주민센터에 가서 글씨를 쓸 때는 주로 한자를 썼다. 한자는 한글보다 글씨체도 반듯하고 우선 잘들 알아보지 못하니 나의 악필을 감출 수 있었다. 그런데 문제는 요즘은 또 모두 한글로 쓰라고 한다. 자기네가 알아보지 못하니 주소도 한글로 쓰라는 것이다. 그러나 은행에서 금액만큼은 그냥 한자로 쓴다. 그것이 내겐 더 익숙하기 때문이다.

'글씨는 그 사람의 인격'이라고 한다. 그러나 어찌하랴! 이 악필을…. 꼼꼼한 성격이다. 그러나 급한 성격은 고치지 못해, 빨리 쓰다 보니 악필이 된다. 글씨 잘 쓰는 사람을 부러

위하면서도 노력은 하지 않는다. 나의 필적에 대한 열등감은 무덤까지 가져갈 듯싶다.

내 필적을 고치고 싶어 서예를 배우려 했으나 류머티즘 관절염과 척추협착증, 디스크 등으로 여러 번 수술을 받고는 아예 엄두도 못 내고 있다. 동인 중 아직도 육필로 원고 쓰는 회원이 있다. 그 회원의 글씨 또한 명필이다. 그분의 원고는 하나도 버리지 않고 모아놓고 있다. 글씨 잘 쓰는 사람이 정말로 부럽다.

컴퓨터로 글을 써서 간편한 점은 있다. 그리고 나 같은 사람은 악필 열등감에서 벗어날 수도 있다. 그러나 육필에서 오는 정서를 컴퓨터가 대신할 수는 없는 것이다. 육필 편지나 글을 받았을 때의 인간적인 따뜻함을 대신할 기계는 없다

어찌하랴. 이 괴발개발을….

가고 싶다

떠나고 싶다.

비가 오면 비가 와서 눈이 오면 눈이 와서 바람이 불면 또 바람이 불어서 항상 어디인가로 떠나고 싶다. 나의 이 여행에 대한 갈증은 멈출 줄을 모른다. 언제쯤이면 이 끝없는 방랑벽에서 헤어날 수 있을까.

학창시절 그저 서울을 떠나고 싶다는 막연한 생각으로 행선지도 모른 채 떠나는 버스를 무작정 올라탄 적이 있다. 차창 밖으로 보이는 풍경에 취해 어느 소도시에 도착할 때까지는 신선한 충격에 꿈을 꾸는 듯했다. 그러나 날은 어두워지고 수중에는 돌아갈 차비도 남지 않은 걸 깨닫는 순간, 겁이 덜컥 났다. 한 번도 가보지 않던 여관을 차마 들어가지 못해 주위를 뱅뱅 돌기만 했다. 추위와 배고픔을 이기지 못해 어느 작은 여관을 찾아들었다. 주인아주머니에게 사정 이야기를 하고 저녁밥을 먹을 수 있었다. 그때는 여관에서 밥도 제공했던 것 같다. 다음날 오빠에게 전보를 쳤다. 2~3일간, 방 안에 갇히듯 꼼짝 못 하고 있다가 송금해 온 돈으로 숙식비를 지불하고 돌아왔다. 그 이후, 무작정 떠나는 무모한 도전은 하지 않았다.

이런 내 마음을 잘 아는 남편은 방학 때마다 둘만의 여행을 떠났다. 80년대 후반부터는 예약을 하고 떠났지만 60~70년대에는 예약 없이 가도 머물 곳을 정할 수 있었다. 어느 날 아침 느닷없이 떠나기도, 차를 타고 평소에 가고 싶던 곳을 찾아 전국을 돌기도 했다.

아무도 없는 호젓한 산길을 걸으며 그간의 마음속 옹이가 된 이야기를 털어놓았다. 시집 식구 눈치 보며 친정어머니를 모시는 스트레스도, 밤늦게 귀가하는 남편에 대한 불만도 봄눈 녹듯했다. 1년에 단 두 번뿐인 여행이었지만 이로 인해 힘들었던 시간들을 견딜 수 있는 힘을 갖게 했다.

남편의 직장관계로 주말부부였던 시절이었다. 큰아들의 사춘기와 내 자신의 정체성에 대한 방황의 시기가 맞물렸을 때였다.

친구 옥은 이런 내 마음을 가장 잘 이해했다.

옥에게 전화를 해 "옥아! 비가 온다."고 하면 "그럼 우리 만날까?" 하며 금세 만날 장소를 약속해 함께 시외버스를 타고 달려가, 황금벌판을 바라보며 자연의 속삭임에 귀 기울였다.

고궁에 떨어진 노란 은행잎을 밟으며 인생을 논하고 눈 덮인 고궁, 한적한 길에 발자국을 남기며 아이들 이야기, 남편 이야기로 발 시린 줄도 모르고 걸었다. 때로는 분위기 있는 카페 창가에 앉아 이야기에 빠져 시간 가는 줄 모르고 있다가 막차까지 놓쳐 발을 동동 구르기도 했다. 내 40대의 방황과 갈등의 시절, 옥이 곁에 없었다면 그 가슴속 훨훨 타오르는 불꽃을 어떻게 다스릴 수 있었을지….

옥이 미국 이민 길에 오르게 되었다.

그때부터 불면의 밤이 계속되었다. 마침 고등학교 동창들끼리 한 달에 한 번, 버스를 대절해 전국 각지의 유명산을 찾아다니며 등산을 했다. 시간 있을 때마다 그 모임에 참석했다.

속리산 구비 구비 산길을 돌며 꽃보다 아름다운 신록에 취하기도 했다. 여름날 내장산 정상에 올라 끝없이 펼쳐진 나무의 바다! 그 진초록 수해(樹海) 속으로 풍덩 뛰어들면 나무들이 사뿐히 받아줄 것 같은 환상에 빠져들기도 했다. 자연은 나의 불면을 치유해 주었다.

몇 해 전, 허리가 아파 걸을 수 없었다. 병원에 가니 척추관협착증이라 했다. 50미터도 걷기 힘들어졌다. 수술을 했다. 수술은 잘 되었다. 날아갈 듯했다. 그간에 못 걷던 한풀이를 하듯 등산도 하고 다시 신나게 여행을 다녔다. 지나친 욕심에 대한 벌을 혹독하게 받은 것일까. 다음 해에 허리디스크가 생겨 휠체어를 타고 다니게 되었다. 다시 수술을 했다. 수술로 인한 염증 등으로 또다시 여러 번의 척추수술을 받게 되었다. 그로 인해 오랫동안 앉거나 서 있기도 힘들어졌다.

어려서부터 꼭 한번 가보고 싶었던 그 푸르고 광활한 바이칼호수, 얼마나 동경하며 가고 싶어 했던가. 동행이 없어 망설이던 해외여행이기에 해외 문학 세미나에도 참석하고 싶다.

언젠가는 나도 한번 마음대로 걷고 싶어 매일 아침 수영과 아쿠아로빅을 배운다. 올겨울 1미터 40센티미터의 수영장 물

속에서 뛰어올라, 밖으로 나오려다가 고관절 인대를 다쳐 꼼짝하지 못한 지 2개월이 되었다. 움직일 때마다 고관절이 아파 비명이 절로 터져 나온다. 동물이 움직일 수 없다는 것은 살아있어도 사는 게 아니다.

여행! 생각만 해도 가슴 설레는 말이다. 일상의 모든 번거로움에서의 탈출, 새로운 세계에 대한 도전과 낭만. 자연의 품에 안겨보는 포근함, 이 모든 것으로부터의 단절. 여행을 즐기는 내게 자유롭게 걷지 못한다는 것은 형벌임에 틀림없다.

갈 수 없으니 갔다 온 사람의 여행지 동영상이라도 본다. TV에서 방영하는 「걸어서 세계 속으로」「세상은 넓다」「산」「세계 테마 기행」 등을 침대에 누워서 시청하며 대리 만족을 한다.

언제고 다시 여행길에 오를 수 있을 것이라는 꿈을 꾸며….

3

내 인생의 복수초

- 꿈꾸는 여행
- 내 방황을 잠들게 하다
- 내 인생의 복수초
- 두 송이 흰 동백꽃
- 뜻밖의 수상
- 말을 할까 말까
- 빈대떡과 동동주
- 꿈을 담다
- 식탁에 모인 사람들
- 유칼립투스

꿈꾸는 여행

가슴이 확 트인다.

순천만의 끝없이 펼쳐지는 갈대의 춤사위를 바라본다. 우리 땅에 이토록 넓은 습지가 있었다니….

캐나다에서 휴가차 온 막내아들이 휠체어를 빌려 나를 태운다. 쭉 뻗은 갈대밭 길, 사람들 사이를 요리조리 비키며 달린다. 갈대 따라 내 마음도 춤을 춘다. 저녁노을이 아름다운 '용산전망대'를 향한 오르막길에서는 무거운 내 휠체어를 미느라 힘겨워하는 막내에게 너무 미안했다.

전망대에 오르니 마침 해가 뉘엿뉘엿 서쪽하늘을

붉게 물들어가고 넓은 갯벌에는 백로인지 왜가리인지 흰 새 한 마리가 먹이를 찾고 있다. 큰딸은 갯벌에 그려진 S자 모양의 물길을 찾느라 여념이 없다. 미처 전망대에 오르지 못한 사람들은 소나무 가지 사이로 지는 해를 보려고 까치발로 고개를 내어 밀며 안간힘을 쓴다. 거의 1시간쯤 걸려 도착한 것 같다.

몇 해 전, 중국 여행 때의 일이 생각난다. 갈대밭 관광을 간다기에 중국의 드넓은 갈대밭을 상상하며 몇 시간 버스로 달려갔다. 한 10여 분 걸려 둘러볼 수 있는 평범한 시골길이다. 더구나 버스 속 40여 명의 승객을 5~6명씩 오토바이를 개조해 만든 작은 차 1대에 태워 그 차가 도착해야만 다른 승객을 태워 날랐으니 그 기다린 시간이 얼마이던가? 사기당한 느낌이다. 순천만 갯벌의 갈대숲이라면 관광지로서 손색이 없을 것 같다.

초겨울 지는 해는 금세 어둠을 불러와 밤길을 달린다. 구례를 지나 남해로 가는 길이다. 순천만의 저녁노을을 보려는 욕망이 부른 대가이기도 하다.

남해대교를 건너보기는 처음이다. 항상 남해대교를 바라보기만 하고 일정에 쫓겨 되돌아왔다. 그 아쉬움을 풀어주려고 큰딸이 마련한 여행길이다. 칠흑 같은 밤인데도 남해에 들어서니 훈훈한 공기부터 다르다. 다음날 60년대 파견된 독일교포 광부와 간호사들의 노고에 보답키 위해 한국 정착에 도움이 되도록 마련한 독일마을에 들렀다. 독일의 한 마을을 통째로 옮겨다 놓은 듯하다. 독일 풍의 집과 거리, 거기에 남해의 따뜻하고 정갈한 공기와 잘 어울리는 한 폭의 그림 같다.

 이곳 남해는 이국적이진 않지만 겨울 같지 않은 푸근한 날씨에 물속까지 들여다보이는 맑고 깔끔한 바다에 흠뻑 빠졌다.

 막내아들이 한국에 올 적마다 다시 한번 와보려 했으나 이루지 못했다. 올해 내 팔순에 외국여행보다 3남매 부부동반 남해여행을 시도하게 되었다. 각처에 사는 자식들이 남해에 도착했다. 캐나다에 사는 막내 내외가 빠진 일곱 식구의 여행이었다.

 여름과 겨울의 날씨 차이일까. 세월의 흐름에서 오는 변화 때문일까. 아니면 너무 큰 기대에 대한 실망일까. 그때보다 더 넓고 포근한 잠자리와 깔끔한 음식 등 부족할 것 없는 자식들의 보살핌과는 달리 마치 기다리고 기다리던 임이지만 옛적 내가 알던 그 임은 아닌 듯 실망으로 가슴이 서늘해진다.

아침 일찍 큰딸을 따라 바닷가 산책을 한다. 때 묻지 않은 어촌 풍경이다. 푸근한 정감이 와락 가슴에 와 안긴다. 아직 개발되지 않은 남해의 어수룩한 이 풍광. 나는 남해의 어떤 모습이 보고 싶어 여기 온 것일까.

서둘러 독일마을을 찾아갔다. 예전의 고즈넉한 풍경은 간곳 없고 독일풍의 집은 펜션으로 변했고 곳곳의 카페가 성황을 이루고 있다. 주먹구구식 개발에 몸살을 앓는 거리, 밀려드는 관광객을 미처 감당 못해 쩔쩔매는 모습이다.

생활 방편으로 집을 펜션으로 내놓았다는 독일마을의 집들. 노후를 고국에서 편히 살고 싶어 왔다는 그들도 만족하고 있을는지. 외국 여행길에서는 아침 식사를 곁들여 하룻밤 숙박할 수 있는 민박집을 흔히 볼 수 있다. 그 조용한 마을이 불현듯 떠오른다.

내 방황을 잠들게 하다

대학 시절, 신춘문예 단편소설에 응모했으나 탈락했다.

깊은 좌절과 무기력에 빠졌다. 결혼이 유일한 구원인 양 서둘러 혼례를 올렸다. 문학에 대한 꿈을 접고 한 남자의 지어미로서 아이들의 어미로서만 최선을 다하려 했다. 그러나 문득문득 찾아드는 문학에 대한 열망은 가슴 한 구석, 불씨로 남아 생솔가지를 태우듯 했다.

나뭇가지마다 연녹색 물이 오를 때면 내 가슴엔 뜨거운 피가 용솟음쳤다.

불면의 밤이 계속되었다. 안정제를 먹고야 잠이 들곤 했다. 잠자리에서도 악몽에 시달렸다. 그 동안 읽었던 소설이나 보았던 영화 속 주인공들이 앞다투어 튀어나와 자기 이름을 대며 아우성을 쳤다. 눈을 감으면 천장 가득히 사람들이 거꾸로 매달려 나를 향해 달려들곤 했다. 잠을 잔다는 것이 오히려 형벌이었다.

그냥 어디로든 훌쩍 떠나고 싶었다. 그러나 지금 집을 떠나면 다시는 돌아올 수 없을 것 같았다. 책을 읽어도 머리에 들어오지 않았다. 힘겨운 노동만이 시시각각 조여드는 사슬에서 잠시 풀려나게 해주었다. 자정부터 시작한 손빨래는 어느덧 홑이불 12개가 빨리고 그제야 동이 훤히 터왔다. 이러한 나의 자학에 가까운 고된 노동은 드디어 나를 병상으로 이끌었다.

병상에서 나는 다시 글을 쓰고 책을 읽으며 접어두었던 문학에 대한 열망을 키웠다. 밤새도록 글을 썼다. 글을 쓰는 그 순간만은 이 세상 어느 누구도 부럽지 않았다.

고등학교 2학년 때였다. 가장이었던 큰오빠의 실직과 어머니의 빚 보증으로 우리집은 아수라장이 되었다. 아침 등교 때도 책가방을 뺏으며 어머니의 소재를 대라는 빚쟁이들의 횡포에 시달렸다. 수업이 끝나면 집으로 돌아가기 싫어 그대로 학교에 남았다. 문예반에 가서 책을 읽거나 시를 짓다가 해질 무렵이 되어서야 집으로 향했다. 그때 문예반은 내 피난처요 영혼의 안식처가 되었다.

그해 가을 내 자작시가 전국 여자고등학교 문학 콩쿠르대회에서 최우수상을 수상했다. 그때부터 문학은 나의 가장 가까운 벗이 되었다. 길을 걸을 때나 창밖을 바라볼 때, 아니 밥을 먹을 때도 문득문득 시상에 잠기곤 했다.

사춘기 시절, 내 가정의 불운이 닥치지 않았더라면 나는 방과 후 학교에 남아 문학에 빠져들지 않았을지도 모른다. 그리고 한 번 맛본 문학의 대한 짜릿한 쾌감은 한세상 문학에 대한 열망으로 몸살을 앓지 않았을지도 모른다.

처음 소설을 읽기는 초등학교 5학년 때 오빠의 책상 위에 놓여있던 『철가면』이란 탐정 소설이었다. 그저 눈에 띄는 대로 손에 잡히는 대로, 난독(難讀)을 했다.

중학생이 되면서 매일 소설책 한 권씩을 헌책방에서 빌려다 보았다. 밤을 새워 읽었다. 그날 못다 읽으면 학교에 가져가서 수업 중, 교과서 위에 놓고 읽기도 했다. 괴테의 『젊은 베르테르의 슬픔』은 전차 안에서 읽다가 교복 주머니의 꽂은 파카 만년필을 소매치기 당하는 것도 몰랐다.

고등학교 시절. 우리 학교는 해마다 이승만 대통령의 생신 축하공연에 나가기 위해 합동 연습이 잦았다. 몸이 약한 나는 늘 교실에 남아 책을 읽었다. 이광수의 『유정』을 읽으며 최석과 정임의 정신적 사랑에 빠져들기도 했다. 그들의 사랑처럼 맑고 광활한 바이칼호수를 꼭 한번 가보고 싶었다.

대학에 들어가면서 까뮈의 『이방인』을 읽었다. 왜 사람을 죽였냐는 검사의 질문에 '태양이 너무 뜨거워서'라는 뫼르소의 대답이 머리에서 떠나지 않았다. 『시지프의 신화』에선 인간의 삶이란 시지프와 같을 것이란 생각을 했다.

헤르만 헷세의 『데미안』은 여러 번 읽었다. 싱클레어가 인간의 악과 선을 겪으며 자아를 찾아가는 과정을 그린 글. 새 한 마리가 지금까지 나를 덮고 나를 제한하고 나를 지배하던 사상, 종교의 알껍데기를 깨고 자유를 얻는 과정을 그린 작품이라고 생각했다. 그때부터 나도 자신을 찾으려 노력했다. 그러나 아직도 진정한 나를 찾지 못하고 그 언저리만 맴돌고 있다.

 지금 내가 있는 이 자리는 내 자리가 아닌 듯, 항상 어디로든 탈출하고 싶었다. 떠날 수도 있을 수도 없는 나의 방황을 잠들게 한 것은 글쓰기였다. 집에 가기 싫어 시를 짓고 집을 떠날 수 없어 수필을 썼다. 글은 나의 마음을 정화시켜 주는 카타르시스였다.

 오늘도 나는 내 주위에 산재해 있는 수필의 소재를 바라보며 어떻게 형상화의 꽃을 피워 독자들과 공감할 수 있을까 고심한다. 그리고 그 작품 구상에 깊이 빠져든다. 그러다 보면 어느덧 현실의 고통이나 슬픔은 잠시 잊게 된다. 그렇다고 나더러 그 열병을 앓은 만큼 문학에 매진했고 그 아픔만큼 좋은 글을 썼느냐고 묻는다면 고개를 떨굴 수밖에 없다. 소망과 몸부림만 컸을 뿐 빈손이기 때문이다.

내 인생의 복수초

 겨우내 가지 못하던 일산 호수 공원을 찾는다.
 내심 복수초가 노란 꽃망울을 터트리며 나를 반길 것이라는 기대를 안고 자연학습원으로 발길을 재촉한다. 검은 차광망을 쓰고 몇 년째, 자리하고 있던 곳을 찾았으나 보이지 않는다. 응당 나를 반겨줄 줄 알았던 친구가 소식 없이 떠나버린 듯 허전하고 가슴까지 쿵쿵 뛴다. 여기저기 찾아본다. 야생화밭이 이곳저곳으로 옮겨졌다. 저기 양지바른 쪽, 차광망을 벗어던진 채 복수초가 환하게 웃고 있다.
 이른 봄, 눈 속에서 피어나는 꽃이어서일까. 해마

다 봄이면 제일 먼저 찾는 꽃이다. 초록 잎에 노란 꽃잎, 산뜻한 빛깔이 눈길을 잡는다.

일본 북해도는 원주민이 아이누족이다. 이들은 복수초를 크론이라고 부른다. 옛날 이곳에 크론이라는 아름다운 여신이 살고 있었다. 크론에게는 사랑하는 사람이 있었다. 그러나 아버지는 외동딸인 그녀를 용감한 땅의 용신에게 시집보내려 했다. 크론은 밤을 틈타 다른 지방으로 도망을 갔다. 이에 노한 아버지는 사람을 풀어 그들을 찾아내었다. 화가 난 아버지는 이들을 꽃으로 만들어 버렸다. 이때부터 이들이 찾아 떠난 '영원한 행복'이 복수초의 꽃말이 되었다.

그리스 신화에 나오는 서양복수초의 꽃말이다. 이 꽃은 아름다운 소년 아도니스가 산짐승의 날카로운 이빨에 물려 죽어가면서 흘린 붉은 피에서 피어났다고 한다. 이에 복수초의 꽃말은 '슬픈 추억'이며 피를 상징하기도 한다.

시를 써서 전국여자고등학교 문학콩쿠르 대회에서 최우수상을 수상하기도 했다. 소가 뒷걸음질 치다가 어쩌다 밟은 것이 행운이 되었던 것을 내가 소질이 있는 것으로 착각했나 보다. 어려서부터 동경하던 변호사의 꿈을 접고 국문과를 택

했다. 문예창작과를 지망했어야 했는지도 모르겠다. 대학시절, 겁 없이 신춘문예에 소설로 응모했다. 결과는 뻔했다. 소질 없음을 절실히 깨달았다.

결혼을 했다. 낮이나 밤이나 작품 구상의 속박에서 벗어나 새 인생을 시작하고 싶었다. 그러나 결혼은 꺼지지 않는 불씨 하나 가슴에 묻은 나를 바꿔놓진 못했다.

밤마다 악몽에 시달렸다. 음악도 글도 머리에 들어오지 않았다. 오직 몸을 혹사해야 그 숨 막히는 고통에서 벗어날 수 있었다. 자학은 류머티즘관절염이란 병을 가져왔다.

움직일 수 없으니 그때부터 글을 쓰기 시작했다. 수필은 내게 카타르시스였다. 울분을 토해내듯 억울함을 하소연하듯 밤새워 글을 썼다. 손이 이를 따르지 못할 만큼 쓰고 또 썼다. 남편은 '시 쓴다고 교육원에 나가더니 웬 수필은 써서 집안 망신 다 시킨다.'며 쓴소리를 했다. 그 글이 수필이 아니라 넋두리였음을 깨닫는 순간, 글은 써지지 않았다.

30여 년간 수필을 써 왔다. 그렇다고 다작을 한 것도 아니다. 한 편이라도 제대로 된 글을 내놓고 싶었다. 생각해 보면 잘 쓰려는 욕망만 앞세웠을 뿐, 노력과 관조의 시간이 부족했던 것 같다. 그러나 처음 글을 쓸 땐 내 글이 제일 잘 쓴 것만 같아 흐뭇하기도 했다. 그간 시어머니, 친정어머니, 우리 아이들 4남매 등, 여덟 식구 뒷바라지에 남편마저 떠나보냈다. 그래도 수필이 말동무가 되어 그 힘든 세월을 버티게 하는 원동력이 되고 외로움을 덜어주기도 한다. 글 쓸 곳이 마땅치 않아 글을 못 쓰겠다며 투정을 부린 적도 있다. 이제 시간과 공간이 너무 많은 데도 글은 잘 써지지 않는다.

컴퓨터 앞에 앉으면 어찌하든 한 편의 글이 탈고되었다. 그런데 이제는 오며 가며 구상을 하지 않으면 글이 나오지 않는다. 기술자가 수십 년 같은 기술을 연마했더라면 어떤 노하우도 생겼으련만, 수필 써오기 수십 년에 아직도 글을 쓰려면 막막하다.

수필을 써서 돈이나 명예를 얻은 것도 없다. 그런데도 이 골치 아픈 글에서 벗어나지 못하는 것은 무슨 이유에서일까.

복수초가 눈 속에서 꽃을 피우듯 내게 수필은 가슴 시린 끝에 나온 글이다. 복수초의 꽃말이 '영원한 행복'이듯 글을 쓰며 기쁨도 슬픔도 함께했으니 내게 수필은 영원한 행복이 되었을 것이다. 그러나 그리스 신화에 나오는 서양복수초의 꽃말이 '슬픈 추억'이듯 수필을 쓰며 아직도 문학의 언저리만 맴돌 뿐, 빈손인 내게 수필은 '슬픈 추억'일 수도 있다.
　수필은 내 인생의 복수초다.

두 송이 흰 동백꽃

　백동백 나뭇잎 사이에서 손톱만한 꽃봉오리 하나가 눈에 띄었다. 다른 꽃송이들은 3개월 전에 이미 흐드러지게 피고, 이젠 흔적조차 찾을 수 없는데 이제야 고개를 내밀다니….
　측은한 생각에 아침마다 눈맞춤을 했다. 동백꽃 피어 있는 시간은 단 며칠인데 꽃봉오리는 언제 벌어지려는지 매양 그대로인 것 같다. 모든 만물이 과정은 험난하고 긴 것에 비하면 피어 있는 시간은 한순간이다.
　어느 날, 입술 꼭 다물고 영영 벌릴 것 같지 않던

꽃봉오리가 순백의 꽃잎을 터뜨렸다. 친구들이 다 떠나버린 가지 위에 뒤늦게 홀로 핀 한 송이 흰 동백꽃. 더욱 눈길을 붙잡았다.

며칠이 지났다. 바닥에 흰 동백꽃 한 송이가 떨어져 있다. 지난번 핀 동백꽃은 아직 싱싱하게 가지에 붙어 향기를 뿜어내고 있다. 그런데 이 꽃은 도대체 어디서 왔단 말인가.

숨어 핀 한 송이 꽃이었다. 사랑의 눈길 한번 받지도 못하고 홀로 피었다 떨어진 한 송이의 꽃. 나뭇잎 사이에 꼭꼭 숨어 있다가 바닥에 떨어져서야 눈에 띈 것이다. 사람의 일생도 저 동백꽃과 같이 환경이 좋으면 제때에 꽃이 피고 환경이 여의치 않아 뒤늦게 피기도 혹은 죽은 후에야 꽃을 피우기도 한다.

문득 단아한 신사임당과 한 많은 허난설헌이 두 송이 흰 동백꽃에 오버랩된다. 신사임당은 19세에 이원수와 결혼했다. 사임당이 결혼해서도 강릉 친정에서 20여 년간 살 수 있었던 것은 친정에 아들이 없었던 이유도 있었으나 부계 중심의 가족문화가 완전히 뿌리내리기 전, 조선전기의 가족문화에서 가능했다. 고려시대를 거쳐 조선 중기까지 결혼을 바탕으로 한, 가족문화는 여성의 거주지 중심으로 이루어졌다. 그러므로 신사임당과 그의 어머니인 이씨 부인이 친정집에서 거주한 것이 특별한 일이 아닌 시대였다.

사임당 예술세계의 중요한 동기는 환경이었다. 현철한 어머니의 훈육과 조언을 마음껏 받을 수 있고 유교 사회의 전형적인 남성 우위의 남편을 만나지 않은 것이다. 그녀의 남편은 아내의 자질을 인정해 주고 아내의 말에 귀 기울이는 도량 넓은 사람이었다. 또한 그녀의 예술성을 보다 북돋아 준 것은 남편이었다. 사임당의 그림을 친구들에게 자랑할 정도로 아내를 이해하고 재능을 인정했다.

사임당은 시와 글씨, 그림에 남다른 재능이 있었다. 산수도를 잘 그린 화가로서 명성이 자자했다. '사임당의 포도와 산수화는 안견 다음이다.'라고도 했다. 그러나 화가로 유명했던 사임당이 부덕의 상징으로서 존경받게 된 것은 사후 1백 년이 지난 17세기 중엽이다. 율곡이 큰 유학자로서 존경의 대상이 되자 사임당은 천재 화가보다는 그를 낳은 어머니로 칭송받기 시작했다.

허난설헌은 허엽의 딸로 태어났다. 허엽 가문의 학문에 대한 열린 가풍은 딸 난설헌에게도 남자와 똑같은 교육의 기회를 주었으며 아들들에게는 자유로운 사상을 가질 기회를 마련해 주었다. 홍길동으로 유명한 허균이 난설헌의 남동생이다.

허난설헌은 신사임당이 떠난 지, 12년 후에 태어났다. 15세에 김성립과 결혼했다. 자유로운 가풍을 가진 친정에서 가부장적인 가문으로 시집온 난설헌은 시집살이에 잘 적응하지 못했다. 난설헌의 시어머니는 지식인 며느리를 이해하지 못했고 갈등의 골은 깊어갔다. 남편 김성립은 그런 그녀를 보듬어 주기보다는 과거 공부를 핑계 삼아 밖으로 돌며 가정을 등한시하였다. 8세 때 이미 신동으로 소문난 아내를 김성립은 버거워했다.

난설헌은 결혼 초기에는 바깥으로 도는 남편을 그리는 연문의 시를 짓기도 하였다. 그러나 김성립과의 결혼에 회의를 느끼고 남성 중심 사회에 파문을 던지는 시를 짓기도 했다. 때로는 이 세상이 아닌 다른 신선의 세계를 동경하며 현실의 불행을 잊으려 했다.

난설헌의 친정은 아버지와 오빠 허봉의 객사로 몰락의 길을 걷는다. 더구나 두 명의 아이를 돌림병으로 잃고 배 속의

아기도 유산을 한다. 이때의 슬픔을 그녀는 '곡자'라는 시로 남겨 놓았다.

여성의 재능을 인정하지 않는 시어머니의 학대와 무능하고 통이 좁은 남편, 몰락하는 친정에 대한 안타까움, 잃어버린 아이들에 대한 슬픔 등으로 난설헌은 건강을 잃고 점차 쇠약해져 갔다. 그러던 어느 날 그녀는 시로써 자신의 죽음을 예언한다.

> 碧海浸瑤海 푸른 바닷물이 구슬 바다에 스며들고
> 靑鸞倚彩鸞 푸른 난새는 채색 난새에게 기대었구나.
> 芙蓉三九朶 부용꽃 스물 일곱 송이가 붉게 떨어지니
> 紅墮月霜寒 달빛 서리 위에서 차갑기만 해라.

그 예언은 적중해 27세에 목숨을 거둔다. 유언으로 자신이 쓴 시를 모두 태우라고 한다. 그녀가 남긴 시는 방 한 칸 분량이 되었다고 한다. 누이의 작품들이 불꽃 속에 스러지는 것이 안타까워 동생 허균이 친정집에 남겨 놓고 간 시와 자신이 암송하던 시들을 모아 『난설헌집』을 펴냈다. 난설헌의 시는 조선 후기 사대부 지식인들 사이에서도 재평가되어 규방의 유일한 시인이자 천재로 인정받게 된다.

신사임당과 허난설헌이 다 같은 천재성을 지녔어도 환경의 차이로 신사임당은 비교적 자유롭게 천부적 재능을 마음껏 발휘할 수 있었다. 반면 허난설헌은 불우한 환경으로 재능을 다 펼쳐보지 못하고 짧은 생애, 고난 속에 살다 갔다.

식물이나 사람이나 태어난 환경에 따라 일찍 혹은 늦게 꽃 피기도 때로는 숨어서 꽃 피우기도 한다. 그간 신사임당은 부덕을 갖춘 예술인으로서 세간에 칭송을 받아 왔다. 그러나 허난설헌은 오랫동안 역사의 뒤안길에 숨겨진 시인이었다.

이즈음 허난설헌의 예술의 진가가 논의되고 있다. 조선시대 규방문학의 천재 시인으로서 재조명되어야 한다는 이유에서다.

두 송이 흰 동백꽃 향기가 신사임당과 허난설헌의 숨결인 듯 가슴으로 다가왔다.

뜻밖의 수상

글이 쓰고 싶어 글을 썼을 뿐입니다.

상(賞)하고는 인연이 멀다고 생각하고 살았습니다. 욕심 없이 한 길을 걷다 보니 제게도 수상의 자리가 마련되었군요.

등단한 지 21년, 두 번째 개인 문집 발간입니다. 무척 게으름을 피웠다고 할 수 있지요. 글을 읽는 사람보다 글을 쓰는 사람이 더 많다는 현실, 쏟아지는 인쇄물의 홍수 속에서 과연 책을 낸들 누가 읽어 보기나 할 것인가 하는 회의 속에 출간을 망설이기도 했습니다.

저의 문집을 읽고 전화를 주는 문인, 이메일 혹은 장문의 편지도 받았습니다. 작가는 한 사람의 독자를 보고도 글을 써야 하는 사명감이 있어야 한다는 말을 상기해 봅니다. 저의 게으름이 오만이 아니었나 하고 자성해 보기도 했습니다. 이 자리를 통해 제 글을 읽어준 모든 분들에게 감사의 마음을 전합니다.

'운현수필동인회'를 이끌어온 지 23년. 지치고 힘들 때도 있었습니다. 그러나 동인 여러분들의 협조와 뒷받침이 없었다면 오늘의 『운현수필』이 존재하지 않았을 것입니다.

오늘의 이 영광은 『운현수필』 동인들에게 바칩니다.

말을 할까 말까

강을 끼고 산길을 걷는다.

평소에 등산을 자주하는 두 딸은 고즈넉한 산길, 산을 활활 태우는 단풍과 강물에 비친 산 그림자에 취한 듯 묵묵히 걷고 있다. 경사가 심하지는 않아도 때로는 계단을 오르내리는 좁은 산길이라 나는 조심조심 등산화 코끝만 내려 보며 걷는다. 얼마나 더 걸어야 할지, 허리가 끊어질 듯 아파 온다. 실버카를 밀고 갈 수 있는 길이었으면 좋으련만…. 어서 목적지에 도착하기만 바랄 뿐이다.

큰딸이 곱게 물든 단풍 길을 엄마와 함께 걷고 싶

다며 전화를 했다. 내가 망설이니 일산 호수공원을 걷는 정도의 거리밖에 되지 않는다며, 작은딸에게 연락할 테니 함께 오라고 해서 동행하는 길이다.

아름다운 단풍도 코끝을 간질이는 싱그러운 바람도 내 몸의 통증을 몰아내지는 못하고 있다. 젊은 시절, 등산을 즐기던 나였는데 세월 속 병마 앞에 꼼짝 못 하고 있는 자신이 싫다.

지난여름, 두 딸의 내 생일 선물은 제주도 여행이었다.

떠나기 전, 등산화를 꼭 신고 가야 한단다. 이 더위에 내가 얼마나 걷겠다고 무거운 등산화를 신느냐고 하니, 그곳은 등산화를 신지 않으면 들어갈 수 없다는 것이다.

거문오름 탐방안내소를 찾았다. 우리나라에서 최초로 세계자연유산에 등재된 곳이다. 개인이 각자 올라가는 게 아니고 어느 정도 사람이 모여 인솔자를 따라 오르는 코스였다. 더구나 항상 개방되는 곳이 아니라 예약을 해야 오를 수 있다. 마침 며칠 동안 예약하지 않아도 갈 수 있는 날이, 우리가 제주도에 도착하는 날과 겹쳐 딸들은 큰 기대를 갖고 온 모양이다.

인솔자의 설명을 들으니 섣불리 동참할 수 있는 길이 아니다. 같이 올라갔다, 함께 내려와야지 중간에 낙오자가 생기면 안 된다고 한다. 좁은 외길이라 되돌아올 길이 없어, 인솔자를 따라 오르는 길은 올라만 가고 다시 내려올 때는 다른 길로 내려와야 한다는 것이다.

딸들의 기대를 모른 체할 수 없어 따라가기로 결정을 했다. 하지만 일행의 보행속도를 도저히 따를 수가 없다. 그냥 가면 뒤에서라도 따라가겠는데 뒤처지는 나를 기다리고 있으니 남에게 피해를 주는 것 같다. 결국 나는 외길 진입 직전, 포기하고 딸들만 다녀오라고 했다. 나를 길에 혼자 두고 저희들끼리만 갈 수는 없다며 그들도 나를 따랐다.

"언니! 다음엔 엄마는 호텔에 계시고 우리만 걸으면 안 돼?"

벼르던 거문오름을 포기한 것이 못내 아쉬웠던지 작은딸의 푸념이다.

다음 날 '천년의 숲 비자림'을 걸으며 평편한 길에서는 '실버카'를 밀고 좁고 울퉁불퉁한 길에서는 지팡이를 짚으며 태고의 자연을 만끽했다. 실로 오랜만에 대자연의 품속에서 나는 한 마리 새가 된 듯했다. 내가 지팡이를 짚을 때는 큰딸에게 실버카를 맡기고 실버카를 밀 때면 지팡이를 주었다. 나를 보살펴주는 큰딸의 배려가 고맙다.

좁은 산길을 걸어 한 시간이 훨씬 지나서야 목적지인 강가에 도착했다. 돌아갈 때는 배를 타고 간다고 한다. 환호성이 절로 터진다. 배를 타고 느긋하게 앉아 물속에 거꾸로 빠져있는 단풍나무 숲에 취해 보려했더니 어느새 배는 강기슭에 닿는다.

배를 타니 이렇게 쉽고 빠르게 목적지에 도착하다니…. 내 인생길은 가쁜 숨을 몰아쉬며 걸어온 산길이었을까, 배를 타고 미끄러지듯 달려온 물길이었을까 잠시 생각에 잠긴다.

아름다운 경치를 보면 나를 생각해주는 딸이 있어 가끔 그 속에 빠져드는 기쁨을 누린다. 남편은 내 사정을 알고 되도록 걷는 길을 피하고 편히 앉아서 완상할 수 있는 곳을 택했다. 그러나 딸들은 내 사정은 모르쇠로 저희들을 기준으로 하는 것 같다. 그래도 남편이 떠난 후, 휴가철이면 큰딸이 나를 챙겨 눈과 마음을 즐겁게 해준다. 그러나 이젠 아무리 좋은 풍경을 봐도 내가 걸을 수 없어 고통이 따르니 아름다운 풍광도 눈에 들어오지 않는다. 어서 편히 쉬고만 싶다.

아침 일찍부터 종종거리며 기차를 타고 와서 힘들게 걷던 생각을 하니 이건 아니라는 생각이 든다. 이렇게 고된 여행 또한 노욕(老慾)이 아닐는지. 딸이 가자고 하면 이젠 힘들어 못 간다고 거절을 해야 할까. 그러면 영영 아무도 나를 데리고 다니지 않으면 어떻게 하지? 방 안에 콕 틀어박혀서만 살기엔 제 분수도 모르고 서글퍼질 것만 같다.

빈대떡과 동동주

"이 빈대떡 먹으려고 한약 지어 놓고도 며칠째 먹지 않고 왔어요."

좌중은 한바탕 웃음바다가 되면서 빈대떡 접시를 내 앞으로 밀어 놓는다.

"동동주도 주세요."

내친김에 동동주까지 부탁한다.

막내아들이 올겨울 캐나다에서 녹용을 가져와 한약을 지어왔다. 약봉지 중탕을 하려다 며칠 후, 모임이 예약되어 있다는 생각이 났다. 이 음식점은 녹두빈대떡을 맛있게 해, 빈대떡 생각이 나면 찾는 집이기도 하다. 빈대떡을 좋아하는 내가 이 좋은 기회를 놓칠 수 없지 않은가. 한약을 먹을 때는 녹두 음식은 해독제라 피하라고 했기에 약을 미룰 수밖에.

평소엔 술을 즐기지 않지만, 빈대떡을 보면 자연스럽게 동동주 생각이 난다. 녹두를 갈아서 맛있게 부쳐낸 빈대떡은 보기만 해도 침이 고인다. 기름에 부쳐 느끼한 빈대떡과 텁텁하지만 상큼한 동동주는 환상의 커플이다.

부부도 빈대떡과 동동주 같다면 금상첨화일 것이다. 서로가 서로를 보완해 최상의 커플을 이룬다면 더 바랄 게 무엇이 있겠는가? 부부간에도 궁합이 잘 맞아야 가정에 화합이 이루어지듯 음식도 궁합이 맞아야 맛의 진미가 더해질 것이다.

젊은 시절 가끔 남편과 말다툼을 한 다음 날, 그에게 전화해 만나자는 약속을 한다. 그리고 빈대떡을 맛있게 부치는 k 음식점으로 간다. 따끈한 빈대떡 안주에 동동주를 시켜놓고 남편과 마주 앉는다. 말없이 술잔을 부딪치며 몇 순배 술잔이 오고 가면 어느새 서로의 눈빛은 따뜻해지고 가슴의 응어리가 스르르 풀리곤 했다.

둘째 딸을 임신했을 때다. 조카딸의 결혼식을 마치고 큰집으로 갔다. 임신 초기라 음식을 잘 먹지 못했다. 노릇노릇 익혀 나온 녹두빈대떡이 상차림에 나왔다. 내가 좋아하는 음식이니 두어 쪽 집어먹었다. 그것이 잘못되었는지 그때부터 음식만 들어가면 토하곤 했다. 나중엔 물만 먹어도 토했다. 임신 중이라 그러려니 했다. 그러나 이 증세는 아이를 낳고도 계속되었다. 이 병원, 저 약국, 전국에 유명하다는 곳은 다 찾아다녀도 증세는 점점 심해졌다. 가는 곳마다 병명도 다 달랐다. 만성위염이니 위무력증이니 하고 별별 진단이 다 나왔다. 안성에 있는 한약국의 약을 먹고 막내를 임신하면서 그 병이 나았다. 무려 6년이나 고생을 했다.

그런 고초를 겪었으니 빈대떡만 보아도 삼십육계 줄행랑칠 만도 하련만 여전히 좋아하는 음식 1호다. 부부가 원수니 악수니 하면서도 백년해로하는 것에 비유될 수 있을는지.

거피한 녹두에 쌀을 조금만 넣고 되직하게 간다. 쌀을 너무 많이 넣으면 빈대떡이 부드럽지 못하고 쌀이 너무 적게 들어가면 노글노글하기는 해도 잘 부쳐지지 않는다. 맛있게 익은 김치를 속만 털어 잘게 썰어 물기를 꼭 짠다. 돼지고기 목살은 나붓나붓 포로 떠서 소금, 후추 살짝 뿌리고 파, 마늘, 생강으로 양념을 해서 참기름으로 무친다. 간 녹두에 양념한 김치 넣어, 불에 달군 팬에 한 국자 떠서 얇게 편다. 고사리, 도라지, 파 등을 가지런히 놓고 양념한 돼지고기를 드문드문 얹어 기름 넉넉히 두르고 노릇노릇 부쳐낸다. 제사에 올리는 빈대떡에는 김치를 잘게 썰지 않고 부침개의 길이만큼 잘라 길이대로 놓고 다른 야채와 고기, 다시마 불린 것도 사이사이 가지런히 넣어 부쳐낸다.

어머니는 음식 솜씨가 좋았다. 어머니가 만들어낸 음식은 무엇이든 맛이 있었다. 그 중에도 빈대떡 맛이 일품이었다. 그리고 당신도 빈대떡을 무척 좋아하셨다. 어머니 생존 시에는 자주 해 먹던 음식이기도 하다. 며느리도 부침개를 좋아한다. 그리고 맛있게 잘 부쳐낸다. 며느리가 부침개를 부쳐드리면 맛있게 드셨다. "너는 며느리가 빈대떡을 좋아해서 자주 먹을 수 있겠다."며 흐뭇해하시던 어머니가 가신 지도 십수 년이 지났다. 그렇게 좋아하던 빈대떡을 그곳에서도 드실 수 있을는지.

지금은 바쁘다는 구실과 몸이 말을 듣지 않아 집에서는 선뜻 해먹을 엄두를 내지 못한다. 어머니가 부쳐주시던 그 맛있던 빈대떡, 그 빈대떡을 다시는 맛 보지 못할 것이란 생각에 코끝이 찡해진다.

빈대떡만 보면 동동주와 함께 어머니의 손맛이 그리워진다.

꿈을 담다

　창밖을 내다본다. 별처럼 빛나는 불빛이며 장난감같이 작게 보이는 집과 자동차를 바라보면서 그 좁은 공간에서 아옹다옹하며 살던 나를 뒤돌아본다.
　창밖에 펼쳐진 운해를 내려다본다. 구름 위에 올라앉아 하늘을 우러러보니 푸른 물이 뚝뚝 떨어질 것만 같다. 조금 전, 회색빛 하늘은 자취도 없다.
　여행을 하려면 우선 메모할 작은 노트와 볼펜, 그동안 바빠서 밀어 놓았던 작가의 친필 서명과 함께 보내온 몇 권의 수필집을 챙겨 넣는다. 그리고 혈압과 당뇨약, 카메라와 몇 가지 색깔의 실과 바늘, 수

영복과 화장품, 속옷, 갈아입을 간단한 옷을 준비한다.

　창문을 닫으라는 안내방송이 들린다. 소등도 되었다. 머리맡 작은 등을 켠다. 이제부터 책 읽을 시간이다. 어떤 책을 먼저 읽을까 망설인다. 평소에 안면이 있는 분의 수필집을 먼저 꺼내든다. 책장을 넘기며 한참을 읽어 내려간다. 늘 듣던 또 그 소리, 드디어 책장을 덮고 만다.

　보내온 분의 성의를 생각하고 또 비행기 안에서 읽고 싶어 낑낑거리며 기내까지 끌고 왔다. 내가 작가에게 너무 기대를 한 것일까. 힘들게 가져온 책에 대한 지나친 보상심리일까. 무슨 말이 하고 싶어 이 글을 썼는지 도무지 알 수가 없다. 생각나는 대로 중언부언 쏟아 놓았다.

　다른 분의 수필을 읽어본다. 정신이 번쩍 든다. 차츰 글 속으로 빠져든다. 어느덧 책의 절반까지 읽었다. 눈의 피로를 느껴 살며시 커튼을 올린다. 불빛 하나 보이지 않는다. 태평양을 건너가고 있는 것일까. 성급히 커튼을 내린다.

　재미있는 책 한 권만 있으면 10여 시간의 비행길이 지루하지 않다. 그 이후, 수필집을 갖고 올 때마다 망설인다. 그래도 한두 권은 가방에 넣게 된다.

캐나다 숲 속을 걷고 있을 때였다. 장구 소리가 은은하게 들려온다. 나도 모르게 그 소리 나는 곳을 향해 걷고 있다. 금발의 젊은 여인이 장구를 치고 있다. 마치 깊은 계곡 폭포 앞에서 득음을 위해 목소리를 가다듬는 소리꾼의 경건한 모습을 보는 듯하다. 나를 보자 쑥스러운 듯 방긋 웃는다.

이제 세계는 한 울타리 안에 있다는 말이 실감난다. 우리가 서양악기를 배우는 것은 당연하게 받아들이면서 왜 서양 사람이 우리 악기를 배우는 것은 놀라운 눈으로 바라볼까.

우리나라에서 보던 식물과 꽃을 여행지 곳곳에서 볼 수 있다. 제주도가 원산지인 구상나무는 서양으로 건너가 크리스마스트리가 되었다고 한다. 밴쿠버 바닷가에 줄지어 서 있는 버드나무, 클로버, 민들레꽃도 지천으로 피어 있다. 이른 봄 밴쿠버 바닷가 활엽수(闊葉樹) 아래 빙 둘러 원을 그리며 수선화가 노란 꽃망울을 터트린다. 반가운 마음에 다가간다. 마치 고향 사람을 만난 듯하다.

호주 갭 파크 언덕에서, 땅에 붙어 자라는 키 작은 보랏빛 야생화에 눈길이 간다. 세월 따라 작아진 내 모습을 보는 듯 친밀감과 연민을 느낀다. 카메라의 셔터를 누른다.

여행을 할 때면 제일 부러운 것이 그 나라의 깨끗한 물과 공기, 파란 하늘이다. 여행지에서 순박한 이국인의 웃음과 자연을 가꾸고 기리기 위해 불편을 당연하게 받아들이는 그들의 마음을 가슴 가득 담아 온다.

 내 여행 가방에는 하나 가득 꿈이 담겨 있다. 가도 가도 끝없이 가고 싶은 여행에 대한 꿈! 그 꿈이 있는 한 나는 살고 싶고 또 글이 쓰고 싶을 것이다.

식탁에 모인 사람들

홀로 식탁 앞에 앉았다. P가 담가 온 알맞게 익은 총각김치의 향긋한 냄새가 미각을 자극한다. 텃밭에서 직접 가꾼 채소의 싱그러움이 아직도 살아있는 듯하다. 총각김치, 동치미가 큰 통으로 하나 가득이다. 그의 순박한 모습이 떠오른다. 그의 넉넉하고 훈훈한 정이 코끝을 찡하게 한다.

새콤달콤한 마늘장아찌는 백수(白壽)가 된 홀시아버지를 모시고 사는 속정 깊은 L이 해마다 가져온다. 입맛 없을 때나 고기 구워 먹을 때 먹으면 상큼하다. 달콤하고 구수한 콩자반은 궂은일은 도맡아

하는 믿음직한 N의 솜씨다. 강화까지 가서 토종고추를 사다 담근 새콤달콤한 고추절임은 사근사근한 J의 솜씨, 직접 담가 정갈한 배추김치는 띠 동갑 후배 B의 명품 솜씨다. 힘든 나이에, 내가 좋아하는 음식이라고 손수 녹두를 갈아 명절 때마다 부쳐 오는 인정 많은 K형님의 맛깔스러운 빈대떡도 있다.

양지머리 고기 푹 고아서 맑게 바치고, 무 썰고 황태 툭툭 잘라 넣어 끓인 담백하고 구수한 무 맑은장국은 70년 지기 S의 솜씨다. 나는 오직 부산에 사는 남편의 제자 R이 보내준 생선을 굽고 밥만 지었다. '얻은 떡이 두레반'이라더니 진수성찬이다.

싱크대 앞에 서 있으면 허리가 끊어질 듯 아파와, 음식을 해 먹지 못하는 나를 위해 이웃 지기(知己)들이 가져온 반찬들이다.

홀로 식탁에 앉아 있어도 그들이 가져다준 음식을 먹다 보면, 그들 생각이 나고 그들과 자리를 함께한 듯 외로움이 사라진다.

몇 년 전, 국선도를 배우러 다니며 사귄 사람들이다. 친자

매가 없는 나는 그들에게서 혈육의 정마저 느끼곤 한다. 취미가 같다는 것은 화합의 첫째 조건이다.

　새벽 5시가 되면 국선도 장으로 모였다. 국선도는 정신과 육체의 건강을 호흡을 통해 수련하는 운동이다. 불도 끄고 어두운 도장에서 눈을 감고 호흡을 하며 수련에 들어간다.

　뒷산에 뻐꾸기가 뻐꾹, 뻐꾹 사랑을 노래하면 수련하는 옆사람을 쿡 찌른다. 나가자는 신호다. 어둠 속에서 가만가만 릴레이식으로 진행된다. 사범과 남자 수련자를 뺀 우리 악당(?)들은 슬그머니 빠져나와 국사봉으로 내닫는다. 뻐꾸기 사랑 노래에 국선도 여자 수련원들이 화답하는 것이다.

　산에 올라 맑은 공기도 마시고 신록이 넘쳐나는 산속, 꿩 꿩 하며 푸드득 날아오르는 꿩을 쫓기도 한다. 약수를 벌컥벌컥 들이키며 살아있다는 사실이 행복하다. 즐거움도 잠시, 아쉬움을 남기고 식구들 아침 준비에 쫓겨 서둘러 하산해야 한다.

　때로는 국사봉 대신 도복(道服) 차림으로 일산 호수공원으로 내닫기도 한다. 여럿이 함께하는 것은 무모한 자신감을 갖게 한다. 다른 사람들의 시선 따위는 아랑곳 않고 우리들의 정취에 흠뻑 빠져 시간 가는 줄도 모른다. 꿈같은 시간이다. 그런

추억과 정이 10여 년 쌓이다 보니 친동기 같은 끈끈한 정이 우러나오는 것이다.

허리 수술을 여러 번 받으면서 나는 도장에는 나갈 수 없게 되었다. 그래도 옛정을 못 잊어 한 달에 한 번, 주기적으로 만난다. 남편을 보내고 혼자 있는 나의 외로움을 달래주려 가끔 번개팅도 한다.

"형님! 시간 있으세요? 나오세요. 민물매운탕 잡숫고 싶다고 했죠?" J의 목소리다. '형님이 부르면 달려갈 거야. 무조건 무조건이야' 그의 18번 노래를 흥얼거리며 며느리가 손자 봐달라는 청을 뿌리치고 왔다는 L, 미장원에 머리 자르러 가던 중, 전화 받고 되돌아왔다는 후배 B, 말없이 따르는 믿음직한 N 등, 나를 위해 모두 모였다.

사근사근한 J가 우리들을 자기 차에 태우고 달렸다. 올해는 봄꽃이 한꺼번에 피고, 갑자기 비바람이 불고 추워져 벚꽃을 제대로 보지 못했다. 마침 자유로를 달리니 눈처럼 휘날리며 떨어지는 벚꽃의 운치를 만끽한다. 문산 반구정 못미처 언덕 위 매운탕 집을 찾아든다. 사방이 탁 트여 가슴 속까지 시원한 방에서 얼큰한 빠가사리 매운탕에 우리들의 영원한 우정을 위하여 막걸리 잔을 높이 든다.

  내일 아침엔 직접 담가 무척 맛있다며 P가 준 된장으로 감자, 호박 도톰하게 저미고 풋고추 송송 썰어 넣어 바글바글 찌개나 끓여야겠다. 때때로 텃밭에서 농사지은 것이라며 무, 호박 등을 주는 P, 친정엄마가 딸 챙기듯 한다.

  식탁 앞에 혼자 앉아 그들이 가져다준 반찬을 먹으며, 함께 했던 지난날을 떠올리니 그들의 훈훈한 정에 가슴이 따뜻해진다.

유칼립투스

　호주 시드니에 도착했다. 에코우포인트에서 바라본 블루마운틴은 보통 산과 똑같은 녹색이다. 그런데 왜 이곳을 블루마운틴이라 부를까. 산 전체가 유칼립투스로 덮여 있어 아침이면 이 나무에서 분비된 수액이 호주의 강한 햇빛과 만나 푸른빛으로 반사되어 블루마운틴이라 불린다고 한다. 해발 1,000미터 고지의 산인데도 구릉처럼 보인다.
　궤도열차를 타고 엎어지듯 급경사를 내려가니 7천만 년 전, 태고의 숲속이 열린다. 70~100미터까지 자란다는 유칼립투스가 하늘을 가리고 있다. 큰 나무는 껍질이 벗겨져 희고 반들반들한 몸통을 드러내고 있다. 스스로 껍질을 벗어 그 나무껍질이 썩어 거름이 된다. 뿌리가 30미터 땅속 깊이 뻗어 있어 가뭄에도 잘 자랄 수 있다.

유칼립투스 잎은 코알라가 즐겨 먹는 먹이다. 어린잎에는 탄닌 성분이 많아 늙은 잎만 먹는다고 한다. 행여 코알라를 볼 수 있을까. 나무 위를 쳐다보았으나 보이지 않는다.

블루마운틴 유칼립투스 숲의 넓이는 경기도 면적과 비슷하다. 트래킹코스로 1시간, 2시간, 3시간 등 여러 코스가 있다. 그러나 물이 흐르지 않아 계곡의 맑은 물소리는 들을 수 없다. 다만 유칼립투스가 물을 가두고 있어 우거진 숲을 이루고 있을 뿐이다.

호주는 산불이 자주 난다. 산불이 나도 작은 나무들은 타지만 유칼립투스는 워낙 크고 또 수관(水管)이 나무 속 가운데에 있어, 밑 부분의 나무껍질만 탈뿐 화상을 입지 않아 다시 싱싱하게 살 수 있다. 오히려 불에 타면서 딱딱한 껍질로 된 씨앗을 터뜨려 어린싹을 틔우고 탄 재가 거름이 되어 어린나무를 잘 자라게 해 준다.

갑자기 유칼립투스나무 숲속에서 원주민들이 사냥하는 모

습이 영상으로 스쳐 지나간다. 그들은 지금 사막으로 쫓겨나 어떻게 살아가고 있을까. 나무가 이렇듯 제 스스로 역경을 이기고 환경에 적응하며 울창하게 자라는데 인간인들 못할 것이 없을 것이다. 유칼립투스는 제가 살던 땅을 빼앗기지 않았으니 그 땅에서 환경에 적응해 살아온 것이다.

 수년 전, 미국의 그랜드캐니언을 다녀온 적이 있다. 끝없이 펼쳐진 황량한 사막 한가운데 둥그렇게 울을 쳐 경계를 한 곳이 보인다. 인디언 마을이란다. 그곳에 사는 사람들에게는 정부 지원이 있다고 한다. 물론 밖으로 나오면 지원은 끝이다. 이 땅이 누구의 땅인데 이런 불모의 땅으로 쫓아낸단 말인가. 사냥터와 일터를 빼앗긴 그들은 속수무책으로 미국인의 기름진 음식만 먹어 비만과 그에 따른 온갖 질병으로 고통받다 일찍 죽는다고 한다.

 원주민들이 민속공예품을 만들어 팔고 있으나 조잡해 눈길을 끌지 못한다. 우리들이 차에서 내리는 곳마다 흰 보자기에 물건을 늘어놓고 간곡한 눈길을 보내던 까무잡잡한 피부의 인디언 여인의 모습이 지금도 눈에 밟힌다. 한국전쟁 고아를 보살펴주고 세계 각국의 인권에 지대한 관심을 보이는 미국의 휴머니즘에 대해 다시 생각하게 된다.

　땅을 빼앗긴다는 것은 삶을 빼앗기는 것과 같다. 호주나 미국의 원주민들이 살던 땅을 빼앗기지 않았다면 지금처럼 척박한 땅에서 고생하며 살지 않을 것이다.

　오래전, 호주 현지인이 유칼립투스 숲을 베고 포도농장을 만들었다. 하지만 포도나무는 모두 말라 죽었다. 다시 유칼립투스를 울타리나무로 심고 포도나무를 심으니 유칼립투스가 물을 가둬, 포도나무가 잘 자라게 되었다. 더욱이 유칼립투스에서 나오는 은은한 향이 포도에 배어 이곳에서 재배된 포도로 만든 와인이 유명해졌다.

　유칼립투스는 호주 기후에 잘 적응하고 나아가 호주의 농장과 숲을 보호해 준다. 그러므로 호주 숲의 90프로를 차지하게 되었다. 만일 유칼립투스가 호주의 푸른 숲을 일궈낸 일등 공신이 아닌 산불의 원인 제공만 했다면 오래전, 톱날에 모두 잘려나갔을 것이다.

　원주민들이 유칼립투스처럼 점령자들의 삶에 도움을 줄 수 있었다면 인간 사냥으로 전멸당하거나 사막으로 쫓겨 가지 않았을 것이고, 원주민 말살정책으로 아이들은 부모로부터 떼어내 백인 가정으로 강제 입양당하거나 수용당하지 않았을지도 모르겠다. 인간의 이기심 앞에는 휴머니즘도 설 곳이 없는 것일까. 도대체 인간의 욕망과 이기심의 한계는 어디까지일는지….

4

그때는

- K 선생님
- 그때는
- 글벗
- 꽃다발
- 헛꽃
- 두 얼굴
- 엇나간 뿌리
- 경무 언니에게
- 창무 오빠에게
- 수필 소재 선택에 대한 소고(小考)

K 선생님

　K선생님의 손이 파르르 떨린다. 안경 너머 눈가에 물기까지 번진다. 나를 훈계하다가 나의 거친 반항에 부딪치면서 생긴 분위기였다. 무엇 때문이었는지 지금은 그 내용이 생각나지 않는다. 문예반 담당 선생님이었다.

　전국 여자고등학교 문학콩쿠르대회에서 최우수상을 수상했다. 수상 후, 선생님이 나를 대하는 태도가 냉랭해졌다. '항상 겸손해라.' 하시며 행여 내가 우쭐해할 것을 경계하셨다. 상을 받았다고 내가 변한 것은 아무것도 없었다. 그런데 선생님이 너무 은

박지르니 오히려 반발심이 생겼다.

　내가 상을 달랬나? 상을 탄 것이 무슨 죄가 되어 이런 고통을 받아야 하나 억울했다. 잘한 것은 잘했다 하고 못한 것은 못했다 해야지 무조건 기를 죽이는 선생님이 야속했다.

　선생님 댁을 방문한 일이 있다. 창신동 중턱에 위치한 작은 한옥이었다. 따님들이 여러 명이었고 막내가 아들이었다. 선생님이 대문 안에 들어서자, 온 식구가 차렷 자세로 서서 선생님을 맞이한다. 경직된 집안 분위기에 내 몸까지 오그라드는 기분이었다. 가부장적 엄한 아버지 같았다. 이런 선생님이 싫었다. 그러기에 더욱 반항했다.

　결혼을 했다. 연애 시절엔 그렇게 따뜻하던 사람이 갑자기 딴 사람이 되었다. 권위적인 사람으로 변했다. 수상하기 전, 온후하던 선생님이 수상 후, 차갑게 변하듯 남편도 그렇게 변해갔다. 자기 집 가풍을 따라야 한다며….

　어쩌다가 내가 가장 싫어하던 K선생과 똑같은 사람과 결혼했단 말인가. 봉건사상이 골수에 박혀있는 듯했다. 앞이 캄캄했다. 선생님은 졸업과 동시에 헤어질 수 있었지만, 남편과는 평생을 어떻게 살아야 할지 막막했다. 서로 부딪치며 소리만

커졌다. 지옥이 따로 없었다. 이렇게 살 수는 없다고 생각했다. 그래 내가 변하자 '너를 나로 만들기보다 내가 네가 되는 것이 쉽겠지.' 변하는 나를 보고 남편도 차츰 나를 따라왔다. 진정한 부부의 길은 애초에 너도 나도 아닌 제2의 내가 탄생되어야 열린다는 것을 깨달았다.

어렵게 하나가 되었던 남편이 갑자기 내 곁을 떠났다. 신혼 초, 자기화시키려고 싸우던 때와는 비교가 되지 않는 캄캄한 지옥의 나날이었다.

어느 날 부산에 사는 남편의 제자가 찾아왔다. 자기 남편 서울 출장길에 따라왔다고 한다. 스승도 없는 집을 찾아오기 위해 호텔방에 남편을 혼자 두고 온 것이다. 함께 일산 호수공원을 걸었다. 그간 시집살이한 이야기며 아이들 키운 이야기 등 친정엄마를 대하듯 곰살맞다. 시집살이하느라 선생님 자주 찾아뵙지 못해 죄송하다며 이렇게 빨리 가실 줄 몰랐다고 울먹인다. 슬그머니 내 손에 쥐어주는 하얀 봉투 하나.

"사모님! 약소해요. 오늘이 스승의 날이잖아요. 선생님 대신 사모님이 받아주세요."한다. 눈시울이 뜨거워졌다.

K선생님 생각이 났다. 돌아가신 스승의 집도 이렇게 찾아

오는데 나는 졸업 후 한 번도 선생님을 찾아뵙지 않았다. 선생님이 이민 가셨다는 말을 풍문으로 들었으나 별 관심을 두지 않았다.

그때, 오죽 속이 상하셨으면 어린 제자 앞에서 눈물까지 보이셨을까. 당신의 진심을 몰라주니 안타까웠을 것이다. 내가 미워서가 아니라 행여 오만해져서 그 오만이 앞길을 가로막을 것을 염려해 그토록 엄하셨던 것을 이제야 깨닫고 있다.

선생님은 지금 어느 하늘 아래 계신지? 생존해 계시기나 할까. 그동안 까맣게 잊고 살았던 K선생님의 안부. 남편의 제자가 스승의 사랑을 일깨워주었다.

5월, 스승의 날을 맞으며 때늦은 후회에 가슴 아파한다.

그때는

선짓국이 펄펄 끓고 있다.

통통한 앞사골과 양지, 곱창은 손질해서 뽀얗게 우려낸 후, 사골은 건져내고 양지와 곱창은 먹기 좋은 크기로 썬다. 된장과 고추장을 알맞게 풀고 얼갈이배추 살짝 데쳐 콩나물과 함께 넣어준다. 국이 끓으면 찰선지를 넉넉하게 썰고 대파와 마늘도 듬뿍 넣어 다시 한번 끓여낸다.

훈이네와는 담장을 사이에 두고 부엌 뒷문을 서로 열면 한 집 같다. 내가 부르는 소리를 듣고 달려온 훈이 엄마에게 선짓국을 냄비에 가득 담아 담 위로 내민다. 맞벌이 부부인 그녀는 전업주부인 내 음식 나누기의 단골 고객이다. 나보다 10여 년 연상이지만 아이들의 나이가 비슷해 친구처럼 통한다. 그리고 항상 밝고 서글서글한 성격이라 '잘 먹겠습니다.'란 말 한마디에 내 마음이 훈훈해진다.

미국에 사는 친구 영은 한국에 오면 우리 집 근처 호텔에 여정을 푼다. 잠은 호텔에서 자고 아침 식사는 주로 우리 집에서 한다. 지인들과 만나면 점심과 저녁은 함께 할 수 있다. 그러나 아침은 호텔에서 해결해야 한다. 특히 그녀의 남편은 호텔의 양식보다는 한국의 토속음식을 먹고 싶어했다. 그러기에 여름 복더위에 땀을 뻘뻘 흘리면서도 선짓국을 끓여주면 맛있어 했다.

그때는 추석에 송편도 한 말씩 빚었다. 찜통에 송편 한 켜 솔잎 한 켜, 켜켜로 올려 쪄낸다. 솔향이 은은히 퍼진다. "숙이 엄마! 어디서 이렇게 맛있는 냄새가 나는가 했더니 숙이네군요," 훈이 엄마가 담 너머로 고개를 내어민다. "네, 다 익었어요. 이제 뜸만 들이면 돼요." 김이 모락모락 오르는 송편을 뜨거워서 쩔쩔매며 찜통에서 꺼내어 찬물에 씻는다. 터진 송편은 씻으면서 맛보기도 한다. 참기름 발라 한 접시 담아서 담 너머로 넘긴다.

  종일 송편을 빚어서 찐다. 그러나 겨우 차례상에 올릴 것만 남겨 놓았을 뿐이다. 추석 전날 오는 손님들에게 찌는 대로 따뜻할 때 내어놓다 보니 송편 한 말이 다 없어진 것이다.

  신혼 초, 시집살이할 때다. 추석에 시댁에서 종종걸음만 치다가 며칠 후 친정에 갔다. 어머니는 송편을 쪄서 씻지 않고 솔잎째 걷어 두었다가 다시 한번 김 올려 내놓으셨다. 그때는 냉장고가 없던 시절이라 그렇게 갈무리할 방법밖에는 없었다. 코끝이 찡해졌다. 딸을 생각하는 어머니의 마음, 그 애틋한 정이 가슴으로 다가왔다. 지금도 어머니 생각을 하면 그때 솔향기 그윽한 송편 생각이 떠오른다.

  인절미도 한 말씩 했다. 흰콩은 노릇노릇 볶아서 키에 쏟아 쓱쓱 손바닥으로 비벼 껍질을 벗긴다. 껍질은 키로 까불러 날리고 껍질 벗긴 콩은 방앗간에 가져가 곱게 빻는다. 찹쌀도 불려 방앗간에 가져가 김 올려 빼 온다. 따끈따끈할 때 도마 위에서 반을 지어 먹기 좋은 크기로 썬다. 굳기 전에 재빨리 콩가루 묻혀 네모난 상 위에 가지런히 줄을 지어 모양을 만든다. 설에 쓰려고 한 떡이지만 고소한 콩가루 냄새 맡고 온 이웃들과 나누다 보면 그 자리에서 다 없어진다.

가래떡 두 말을 방앗간에서 빼 온다. 거실에 깨끗한 비닐 깔고 떡을 가지런히 펴 놓는다. 가끔 뒤집어 가며 썰기 좋을 만큼 굳힌 가래떡을 도마 위에 놓고 타원형으로 얇게 썬다. 떡을 다 썰고 나면 손가락에 물집이 잡히기도 한다.

설이 다가오면 사골 우려서 떡국 국물을 만들어 놓는다. 만두 100여 개 정도 빚어 쪄서 서늘한 곳에 펼쳐 놓는다. 녹두 두 되, 갈아서 맛있게 익은 김치와 고사리, 숙주, 돼지고기 넣어 빈대떡을 부친다. 당면 한 관은 삶아서 잡채를 만들어야 설날 손님 접대를 할 수 있었다.

훈이 엄마도 나도 세속 따라 정든 단독주택에서 아파트로 이사했다. 비가 부슬부슬 내리는 어느 여름날, 부침개를 부쳤기에 앞집에 가져갔다. 금방 그 접시에 과일을 하나 가득 담아 왔다. 다음부터는 나누어 줄 수가 없다. 빚 갚듯 해서야 서로 마음에 부담만 주는 격이 되지 않겠나 싶어서다.

내가 만든 음식을 사람들이 맛있게 먹어줄 때의 기쁨이 있기에 음식 만들기의 수고로움을 잊는 것이 아닐까. 그리고 사람의 정이란 따뜻한 음식을 통해 더욱 끈끈해지는 것이라 생각한다. 음식은 큰 그릇에 푸짐하게 끓여야 각각의 음식 재료에서 우러나오는 맛이 어우러져 제맛이 난다. 소꿉놀이하듯, 하는 적은 양에서 진국은 나오지 않는다. 대가족 속에서 어울려 자란 사람과 핵가족에서 자란 사람의 인성 차이도 이와 같을 것이다.

손님맞이에 힘들어할 때마다 친정어머니는 늘 이렇게 말씀하셨다.

"사람은 참새 같아 먹을 것이 있어야 모인단다."라고. 살만하니 사람이 오는 것이라는 말씀이다.

식탁에 홀로 앉아 밥을 먹는다. 혼자 밥 먹기가 싫어 아주 배가 고파 못 견딜 정도가 되어야 식탁에 앉는다. 우리 집 부엌에서 선짓국이 한 솥 가득 끓일 날이 또 올 수 있을까. 그 많던 식구들은 하늘나라로, 외국으로, 제 짝 찾아 다 떠나고 나만 달랑 남아 있다. 사람 좋아하는 남편이 떠나서일까. 세태가 변해서일까.

오늘도 음식 장만과 식구들로 북적대던 주방에는 찬바람만 스친다.

글벗

 금방 세수를 한 듯한, 보름달이 활짝 열어놓은 거실 유리문 밖에서 방긋 웃는다. 계곡의 물소리는 어느 오케스트라의 합주보다 가슴에 물결친다. 실로 오랜만에 안겨 본 자연의 품이다. 구름 한 점 없는 하늘, 중천에 떠 있는 보름달, 이처럼 티 없이 고운 달을 언제 보았던가. 대관령 자연휴양림의 밤 풍경이다. 문득 이 밤을 향유할 수 있게 한 지난 일을 뒤돌아본다.

 수필의 날 행사가 강릉에서 개최되었다. 나에게는 7년 만의 외출이었다. 그동안 걷지 못해 여행은 꿈도 꾸지 못했다. 올해는 꼭 참석하리라 벼르고 별렀다. 몇 달 전부터 참가 신청을 했다.

  갑자기 수필문학사 세미나 일정이 수필의 날 행사 앞, 이틀 전이라는 초청장을 받게 되었다. 내친김에 그곳도 가고 싶었다. 그러나 수필문학사 세미나에 참석하고 집에 왔다가 다음 날 수필의 날 행사를 위해 다시 나오기는 내 건강상 불가능했다. 마침 수필문학사 세미나를 영월에서 한다기에 용기를 냈다. 같은 강원도 내에서 하게 된 것이다.

  영월에서 직접 강릉으로 가서 하룻밤을 보내고 다음 날 합류하기로 했다. 영월에서 수필문학사 세미나에 참석하고 돌아가는, 평소 존경하던 글벗의 주선으로 강릉에 함께 가게 되었다.

  정선이 집인 어느 글벗이 강릉까지 우리를 데려다주고 되짚어 돌아갔다. 여자 혼자 운전하며 비가 억수같이 쏟아지는 밤길을 돌아가는 뒷모습을 바라보며 걱정과 미안함에 마음이 찡했다. 저녁은 강릉에 사는 글벗들이 부산과 춘천에서 오신 글벗들과 함께 대접해 주었다.

  평소에 안면은 있었지만 자별하게 지낸 사이는 아니었다.

내가 글을 쓰지 않았다면 어찌 이런 분들과 함께할 수 있었으며 이런 후의를 받을 수 있겠는가.

　바닷가 민박집에 여정을 풀고 산책을 나갔다. 끝없이 펼쳐지는 수평선, 동해의 푸른 물이 바위에 부딪쳐 흩어진다. 동심의 세계로 빠져들어 신을 벗고 모래밭을 걸었다.

　다음 날 아침, 강릉에 사는 글벗들이 다시 자동차 두 대를 마련해 왔다. 여류시인 허난설헌의 생가터를 관광하고 점심을 하게 되었다. 아직 더운 김도 채 가시지 않은 송편이 상 위에 오르는 것이 아닌가. 강릉의 ㅊ글벗은 지난밤, 늦게까지 우리와 함께하고 돌아가 새벽같이 일어나 손수 송편을 빚었다고 한다.

　세상에서 제일 맛있는 강원도의 별미, 차가운 물막국수와 송편을 대접받고 행사장까지 동행했다. 존경하는 부회장님과 강원도의 여러 글벗들, 낭랑한 목소리로 낭송도 잘하고 솜씨도 좋은 ㅊ글벗의 수고가 없었다면, 어찌 이런 자연의 품에 안길 수 있었겠는가. 글벗들의 따뜻한 정에 가슴이 훈훈해진다.

　줄기차게 쏟아지는 빗길을 밤에 홀로 운전해 가면서도 싫은 내색은커녕 밝게 웃던 정선 글벗의 모습이 지금도 눈에

선하다.

　수령이 오랜 소나무가 빽빽하고 등 굽은 노송이 산속 정취를 더해준다. 자욱한 아침 안개에 싸여 신비한 피안의 세계인 듯한, 대관령 자연휴양림! 이곳에서 며칠 푹 쉬다 보면, 신선이 될 것 같다. 대관령 자연휴양림을 꼭 빼닮은 글벗들의 우정이 이곳 휴양림의 물소리와 함께 가슴에 젖어든다.

꽃다발

등단한 지 21년 만에 뜻밖에 「수필문학상」을 수상하게 되었다. 봄비가 추적추적 내리고 있다. 작은딸과 함께 기념식장에 도착했다. 다른 수상자 가족들은 꽃다발을 준비해 입장하고 있다.

꽃을 준비해 오겠다던 며느리와 큰사위가 차가 막혀 늦어진다는 전화다. 친구가 지금이라도 밖에 나가 꽃을 준비해야 하지 않겠냐며 안절부절못한다. 덩달아 나도 불안해진다. 수상 소식을 여러 사람에게 알리지 않았고 문단 활동을 여러 해 했으니 꽃이 많이 들어올 것이란 생각에 서로 미루는 것은 아닐는지. 더구나 꽃을 준비하겠다던 가족까지 도착하지 않고 있지 않은가.

　수상자는 앞에 나와 앉으라 한다. 다른 사람들은 부부가 함께 온 듯하다. 남편이 지금 이 자리에 있다면 얼마나 좋아할까. 그러잖아도 마음이 텅 비었는데 꽃 한 송이 받지 못하고 수상하게 되다니….

　개회사, 축사, 심사평이 이어지는 동안 기다리던 가족이 도착했다. 내가 제일 먼저 수상하게 되었다. 문우, 동인 등 사방에서 꽃다발을 들고 나와 꽃 속에 파묻혔다. 이렇게 많은 꽃다발을 받을 줄 몰랐다. 먼 곳에서 온 문우도 화려한 꽃바구니를 들고 왔다. 우중(雨中)에 무거운 꽃바구니를 들고 온 문우가 정말 고마웠다.

　때로 지인의 전시회나 출판기념회장을 찾으며 꽃을 준비하는 것이 번거롭다는 생각이 들기도 했다. 결혼식, 장례식 등에서 너무 많은 화환이 주체스러워 이건 낭비가 아닌가 생각하기도 했다. 그러나 오늘 꽃다발 속에 묻혀 보니 황홀했다. 돈으로는 환산할 수 없는 행복이었다.

　꽃을 가족에게 나누어 주었다. 그래도 많이 남아 집으로 가져왔다. 회색빛에 싸여 있던 집이 금세 꽃대궐이 되어 함박웃음을 터뜨린다. 그날부터 꽃을 어떻게 하면 오래 볼 수 있을까. 노심초사했다. 꽃을 오랫동안 시들지 않게 하는 것이 꽃을 가져온 사람들의 정성에 보답하는 길이라 생각했다. 그리고 꽃다발을 받을 때의 그 감격을 꽃을 바라보며 오래 간직하고 싶기도 했다. 매일 생수에 얼음을 넣어 물을 갈아주었다. 밤이면 베란다로 옮겨 꽃바구니는 큰 대야에 담아 물을 흠뻑 마시게 했다. 마른 꽃으로 말리기도 했다. 꽃의 소중함을 가슴 깊게 느꼈다.

꽃은 사랑이다.

꽃으로 배고픔을 채울 수는 없어도 마음의 허기는 채워준다는 것을 알았다. '꽃은 사치요, 낭비며 쓰레기'라고 하던 어느 지인의 말이 생각난다. 잠깐의 눈요기를 위하여 꽃을 선물하지 말아야 한다며 곧 쓰레기가 되어 처치 곤란해진다는 것이다. 그 때는 그의 말에 수긍하기도 했다. 그러나 오늘 나는 꽃의 위대함, 꽃의 소중함을 절절히 느꼈다.

'인간은 빵만으로 살 수는 없는 것이 아닌가.'

헛꽃

제주도 올레길을 걷는다.

두 딸의 내 생일 선물이다. 7월 땡볕 속을 절룩거리며 걷는다. 그때 눈에 들어온 한 무리의 보랏빛 들꽃, 그 이름 산수국! 금방 지친 내 마음에 생기를 북돋아 준다.

이 아름다운 꽃이 헛꽃이라니…. 가운데 동글동글 수수알같이 작고 볼품없는 것이 진짜 꽃이고 가장자리에 눈길을 사로잡는 화려한 꽃잎은 헛꽃이란다. 가운데 유성화(有性花)가 꽃 같지 않아, 벌과 나비가 날아들지 않아서 가장자리에 무성화(無性花)를 예쁘게 피워 곤충을 불러들인다고 한다.

산수국이 헛꽃을 피우며 곤충을 유인하듯 사람이 화장하는 것도 이와 같은 이치에서 유래된 것은 아닐까.

'화장하기 싫은 여자'라는 글을 쓸 만큼 나는 특별한 날이 아니면 화장을 잘 안 한다. 무심히 화장을 하다 생각해 보니 반드시 화장하는 날이 일주일에 두 번 있다. 그런데 그 두 번이 다 남녀가 모여 수강하는 날이다. 물론 여자들만 모이는 곳에 나갈 때도 화장을 한다. 그러나 때로는 안 하고 나가기도 한다. 그러나 이 두 곳에 나갈 때는 습관적으로 메이크업을 하고 있는 나를 발견하고는 고소를 금할 수가 없다.

이 나이에 남자에게 예쁘게 보여야 할 이유가 있을까. 그런데 왜 그 두 모임에 나갈 때는 빼놓지 않고 하기 싫은 화장을 본능적으로 하는 것일까.

산수국이 헛꽃을 피워, 곤충을 불러들이는 것은 종족 번식을 위함이다. 사람도 화장을 하고 아름답게 가꾸는 것이 그런 이치에서라면 나이 들어 종족 번식에서 물러난 사람이 가꾸는 마음은 어떤 연유일까.

자연스럽게 나이 들어가자며 이제 머리 염색도 하지 않아

백발을 드러내 놓고 있다. 그러면서도 아직 거울을 보며 화장을 한다. 특히 남자가 나오는 모임에는 반드시, 이것은 끝내 여자임을 잊지 않으려는 여인의 아름다운 마음이 아닐까 싶다.

산수국이 피운 헛꽃이 지친 나그네의 마음을 위로하듯, 여자의 화장 또한 주위에 생기를 불어넣는 것은 아닌지.

두 얼굴

불이 활활 타오르고 있다.

우리 집에 불이 나서 온 동네 사람들이 양동이, 방구리 등에 물을 가득 담아 가지고 달려와 불을 끈다. 내 몸에도 불이 붙은 듯 따갑다. 소스라쳐 일어나니 석유 등잔이 엎어져 석유 냄새가 진동하고 몸에 온통 석유가 묻어 쓰라리다. 그 지독한 냄새와 쓰라림이라니…. 꿈이었다. 등잔불은 끄고 잤으나 머리맡에 놓인 등잔을 손으로 쳐서 석유를 엎지른 모양이다.

한국전쟁 휴전 전이었다. 전기 사정이 안 좋아 늦

도록 공부를 하려면 등잔불을 켜야 했다. 등잔불 앞에서 공부를 하다가 고개를 끄덕, 졸기라도 하면 뿌지직 누린내와 함께 앞머리카락을 태워 놀라 깨곤 했다. 책상도 없이 엎드려 공부를 하다 잠이 들어 책이며 공책에 또는 이불과 몸에 석유를 쏟거나 불이 날 뻔도 했다.

며칠 전, 친지의 집에 불이 났다. 집에 사람이 없던 낮에 불이 나서 인명피해는 없었다고 한다. 왜 불이 났는지 원인은 알 수 없다. 다만 의심스러운 것은 아침에 바쁘다 보니 헤어드라이어를 완전히 끄지 않은 채, 플러그를 빼어놓지 않아 과열되어 불이 났을지 모르겠다는 것이다. 애면글면 장만한 가재도구며 침구와 의복 등 무엇 하나 건진 것 없이 화마에 빼앗긴 참담한 현실 앞에 막막했을 것이다. 더구나 공동주택이라 이웃 주민에게 준 피해로 몸 둘 바를 몰라 했을 친지의 난감했을 정황이 남의 일 같지 않다.

한국전쟁 당시 외갓집으로 피난을 갔다. 시골 생활은 처음이었기에 모든 것이 서툴렀다. 외사촌 올케가 무쇠솥에 콩죽을 안쳤다며 내게 불을 때라고 했다. 갑자기 솥의 콩죽이 끓어 넘치니 겁이 나, 황급히 부엌에서 도망을 쳤다. 콩물은 끓으면 넘친다는 것을 알지 못했기 때문이다. 솥에 가득 들어 있던 콩죽은 다 넘쳐버리고 불붙은 가랑잎이 부엌에 쌓아놓은 땔감에 옮겨붙었다. 온 동네 사람들이 달려들어 불을 껐다. 그때 놀랐던 일이 지금도 가끔 꿈속에 나타나곤 한다.

'자라 보고 놀란 가슴 솥뚜껑 보고 놀란다.'고 했던가. 한번 불에 놀란 터라 항상 불이 무섭다. 나는 80이 넘었어도 라이터나 성냥불을 켜려면 벌벌 손이 떨려 불을 붙이기 힘들다.

예전에는 눈에 보이는 불을 조심하면 되었다. 하지만 이제는 언제 불꽃을 튀며 달려들지 모를 전기, 가스, 화학약품 등, 보이지 않는 불씨에 조심 또 조심해야겠다.

불은 우리에게 천사처럼 고마운 존재이다. 그러나 방심하면 큰 재앙을 불러오는 악마로 변한다. 두 얼굴의 친구다

엇나간 뿌리

"그냥 내버려두라요. 한 열흘만 그냥 두면 나와요."

고관절 수술 후, 아랫배가 아프도록 소변이 차 있어 화장실에 가고 싶다고 했다. 변기를 넣어주며 누워서 보라고 한다. 아무리 용을 써도 나오지 않아 화장실을 가야 나올 것 같다고 하니 내게 간병인들이 하는 말이다.

누구의 도움 없이는 몸을 움직이지 못한다. 그런 나를 휠체어에 태워 화장실까지 갔다 오기가 번거롭고 힘이 드니 하는 말이다. 혼자 내려올 수 없는 침대는 까마득한 나무 꼭대기에 있는 듯 아득하기만 하다.

 5인실에 간병인 다섯이 있다. 그들 모두가 중국교포이며 같은 회사에서 나온 사람들이다. 어쩌다 한국인 간병인이 들어오면 왕따시켜 끝내 내보내고 자기 동료를 데려온다.

 환자가 퇴원하면 간병인도 나가야 하는데 그 방에 있는 간병인들의 보호 아래 뭉개고 있다가 다음 환자가 들어오면 그 환자의 간병인이 된다. 때로는 간병인을 이미 구해놓은 환자가 입원하기도 한다. 그래도 자기들 회사 사람이 아니면, 제대로 간병을 못 받아 고생할 것이라 겁을 준다. 떼로 나서서 회유해 기어코 그 병실에 남아 있는 동료를 쓰게 한다. 회사에서 사람을 보내 주는 것이 아니라 그들 중에서 리더가 있어 그 사람이 간병인을 이리저리 보낸다.

 모처럼 간병인과 함께 복도에 나와 창틈으로 새 들어오는 밖의 바람을 쏘이고 있었다. 한 환자가 워커를 밀며 힘겹게 걸어오고 있었다. 갑자기 간병인이 벌레 씹은 얼굴이 된다.

 "저 여자는 간병인을 세 번이나 바꿨이요. 죽을 때까지 이 병원에 있을 거라요. 우리가 지금 간병하지 않으면 누가 오갔이오. 우리도 목숨 내걸으면서까지 이 일 하고 싶진 않거든.

그리고 지금 이 일 안 한다고 굶어죽는 것도 아니라요."

때마침 메르스로 전 국민이 긴장하고 있던 중이었다. 나도 모르게 섬뜩 움츠러든다.

중국 교포에 대해 나는 연민의 정을 갖고 있었다. 일제 강점기, 먹을 것이 없어 남부여대 북간도로 떠나는 사람들을 지켜보았다. 어린 나이였지만 지금도 눈에 선하다. 혹은 독립운동가의 후손일지도 모르겠다는 생각이 들었다. 그들이 고국에 와서도 3D 업종에서 고생하는 것을 보며 더욱 안타까워했다.

"우리는 중국 사람이라요. 여긴 대한민국이구요."

중국 국민이란 긍지를 갖고 사는 교포. 그들이 진정 같은 뿌리를 가진 동족일까. 지금은 돈 벌러 너희 나라 대한민국에 잠시 와 있을 뿐, 자기는 중화민국 사람이라는 생각이 뿌리 깊어 보였다.

10여 년 전, S대학병원에 입원했을 때만 해도 제대로 간병 교육을 받은 우리나라 사람이 간병인이었다. 그들은 봉사정신을 갖고 환자를 돌봤다. 그러나 이들은 환자가 돈벌이의 수단일 뿐이다. 점심시간, 환자의 식사를 도와주지도 않는다. 동료에게 식사 끝나면 식판을 제자리에 갖다 놓으라 부탁하고 미장원에 가서 머리 손질을 하고 오거나, 과일이나 오이 등을 사오겠다며 거의 매일 외출을 한다. 심지어 병실에서 CD를 틀어놓고 춤추고 노래까지 한다. 바로 앞에 간호사실이 있지만 아무도 만류하는 사람은 없다. 병실이 환자의 치유공간이 아니라 이들의 놀이터가 되는 것이다.

한밤중 몹시 아파 참기 힘들었다. 간호사를 불러야 하는데 이 병원은 긴급호출기도 없다. 간병인을 깨워야 하는 상황이었다. 옆에서 앓는 소리를 하며 뒤척여도 깊은 잠에 빠져 있는 간병인을 감히 깨울 용기가 없어 딸에게 전화해 간호사를 부르기도 했다.

물론 5명이 다 그렇다는 것은 아니다. 그중에 한 사람은 그들과 어울리지도 않고 간병을 충실히 한다. 그러나 아무도 그들을 만류하는 사람은 없고 같이 어울려 놀뿐이다.

외국에 나가면 모두 애국자가 된다고 한다. 미국이나 캐나다 교포들도 그 나라 국적은 갖고 있지만 모국에 대한 관심은 우리나라 사람보다 높다. 그 나라 정치, 경제보다 우리나라 정치에 더 관심을 가지고 정세를 꿰뚫어 본다. 물론 모국방송 청취율이 높은 이유이기도 할 것이다.

중국 교포들은 그간 모국의 도움을 전혀 받지 못하고 1세대가 아닌 2.3 세대가 되니 조국이라는 개념마저 잃은 것은 아닐는지. 남의 나라, 아무도 돌봐주는 이 없는 곳에서 홀로 생존하다 보니 저렇게 변한 것일까. 아니면 한 병원에 간병인이 모두 한 회사 같은 교포들이란 집단의 힘에서 나온 그릇된 자만(自慢)일지도 모르겠다.

오래전, 나는 K시 외딴 산자락에 주목(朱木)밭을 일구었다. 주목밭 옆에는 포도나무를 심었다. 주목은 뿌리를 깊이 내리며 싱싱하게 자라고 있다. 그러나 포도나무는 점점 생기를 잃어가며 발갛게 죽어가는 게 아닌가. 흙을 파헤쳐 확인해 보았다. 포도나무 쪽으로 엇나간 주목의 뿌리가 원인이었다.

내가 키우던 주목(朱木)의 뿌리가 생각난다. 엇나간 뿌리에 치어 고사(枯死)하던 포도나무의 모습이 그 병실과 겹쳐 떠오르는 것은 무슨 이유일까.

경무 언니에게

언니! 나 농무야.

언니를 불러본 지, 67년. 생사만이라도 알려고 애썼지만, 오늘에야 바늘구멍이라도 뚫은 기분이네요.

언니! 6·25 전쟁이 발발한 지 며칠 안 되던 어느 날, 원남파출소 앞에 세워둔 군용트럭에서 불이 났었지요. 불은 삽시간에 민가로 옮겨 붙고 펑펑 터지는 포탄 속에서 아버지는 빈 상자만 밖으로 내던지고 어머니는 베개를 안고 나는 책가방만 달랑 들고 언니는 혼수 가방만 들고 종로 4가 쪽으로 무작정 뛰어갔던 것 기억해요? 우리 집은 파출소에서 직선

거리로 불과 15~16미터밖에 안되었던 것 같아요.

포탄이 펑펑 튀는 중, 정신없이 뛰다 보니 불길이 우리 집 반대편으로 번지자 집으로 발길을 돌렸지요. 그때 30대의 젊은 아낙이 힘겨워하는 언니 곁으로 다가가서 가방을 들어 주겠다 했었잖아요. 언니는 구세주를 만난 듯 그에게 가방을 맡겼지요. 집을 향해 같이 오던 중, 갑자기 그 여인을 놓쳐버렸지요.

몇 날 며칠 서울 시내 골목골목을 뒤졌지만 끝내 그 혼수 가방은 찾지 못했어요. 꽃분홍 본견 뉴똥 치맛감, 꽃자주색 모본단 저고릿감, 하늘색 조젯 치맛감 하며 어머니가 한 감 한 감 떠서 애면글면 모아 두었던 것이었지요.

언니! 우리가 동숭동에 살던 어느 해 여름이었던 것 같네요. 저녁을 먹고 언니와 이웃에 사는 언니 친구랑 같이 낙산엘 올랐지요. 우리는 넓은 바위에 누워 하늘을 쳐다보며 노래를 불렀어요. 내가 초등학교 4학년 때였던 것 같아요. 황성옛터라는 노래였어요. 나는 그 노래를 몰라 듣기만 했고 언니와 언니 친구는 그 노래를 함께 불렀어요. 어린 내 가슴에 어쩐지 슬픈 여운을 남긴 노래였어요. 자라면서 그 노래를 알게 되었고 그 노래를 들으면 언니 생각이 나며 언니가 보고 싶었어요.

언니! 언니 파마하려고 나를 데리고 미장원에 갔던 기억나요? 그땐 불파마라고 머리에 직접 숯을 기구에 올려놓고 했었어요. 숯의 불똥이 튀어 살을 데면 어쩌나 하며 가슴 조이던 생각이 나네요.

언니! 어머니는 KBS '이산가족 찾기' 때에는 화면 속에 언니 오빠가 나타나기라도 할 듯 꼼짝 않고 몇 날 며칠 식음을 전폐하듯 하시며 TV 앞에 앉아서 펑펑 눈물을 쏟으셨어요.

임종 시에도 6·25전쟁으로 잃어버린 남매 생각에 눈을 감지 못하고 돌아가셨지요. 언니! 우리는 이제 삶에 끝자락에 선 사람들, 세월의 끝은 보이는데 이별의 끝은 언제가 되려는지요? 생사의 소식만이라도 듣기 바랍니다. 언니! 보고 싶어요.

- 2017년 9월 11일 동생 농무 올림

창무 오빠에게

작은오빠! 회색 바지에 하늘색 남방, 이 옷이 오빠가 다니던 K 고등학교 교복이었지요. 내게는 평생 이 교복을 입은 17세 소년의 모습으로 가슴에 살아 있는데 학교에 다녀오겠다고 집을 나선 오빠는 이제껏 돌아오지 않는군요.

다음날이 되어도 돌아오지 않으니 우리 식구는 발을 동동 구르며 의용군을 소집해 놓았다는 교동초등학교로 찾아 나섰어요. 운동장에 운집해 있는 사람들, 받들어 총 자세로 삼엄하게 교문을 막아선 인민군들. 담 너머로 고개를 빼어 들고 오빠를 찾아보았으나 오빠는 보이지 않았지요. 하루도 결석하지 않는 오빠의 근면성이 오늘의 비극을 초래했는지도 모르겠어요.

　작은오빠! 어머니 아버지는 오빠 걱정으로 식음을 전폐하셨지만 철없던 나는 오히려 홀가분하다는 생각을 했어요. 오빠가 집에 없으니 하루 종일 거울 앞에 붙어 있어도, 하루에 몇 번 옷을 갈아입어도 누구 하나 나무라는 사람이 없으니 자유를 만끽했는지도 모르겠어요.

　그때의 그 생각이 마음의 빚이 되어 평생 가슴앓이를 하며 살았어요. 작은오빠! 몇십 년 전, 오빠가 다니던 K 고등학교에서 6·25 전쟁으로 학업을 중단한 사람들에게 명예졸업장을 수여했어요. 오빠도 지금 한국에 있다면 그 졸업장을 받을 수 있었을 것을 생각하며 마음 아파했지요.

　아버지는 성치 않은 몸으로 전쟁 중, 집을 지키시다 영양실조와 지병이 재발하여 9·28 수복 후 돌아가셨어요. 어머니는 내가 평생 모시며 살다가 89세에 이승의 인연을 끊으셨지요. 큰오빠는 고혈압과 당뇨로 50대 중반에 아버지 어머니 곁으로 떠났고, 동생 정무도 몇 해 전, 71세를 일기로 떠나 이젠 나 혼자만 남았네요.

큰오빠의 자녀는 아들딸 모두 저세상으로 엄마 아빠 찾아가고 딸 하나만 결혼해서 잘 살아요. 정무는 처와 아들 둘에 손자 둘이 있고 나도 남편이 10년 전에 제 곁을 영영 떠났고 2남 2녀의 손자 손녀 합해서 5명이 있어요.

언니 오빠의 생사 확인이라도 하고 싶어 백방으로 알아보았지만 바람결, 소식 한 점 들려오지 않네요. 작은오빠! 이제 적십자사를 통해 생사라도 알 수 있다면 얼마나 좋겠어요. 세태가 하도 어수선하니 이조차 힘들지 않을까 걱정이 됩니다.

작은오빠! 경무언니 나이 향년 87세, 작은오빠 나이 84세, 내 나이 80세가 되고 몇 달 있으면 다시 한 살을 보태게 되지요. 제 건강도 좋지 않으니 더욱 답답합니다. 그래도 살아만 있어줘요. 유전자 검사도 해 놓았으니 통일이 되면 우리 아이들과의 인연이라도 기대해 봅시다.

- 2017년 9월 17일 동생 농무 올림

수필 소재 선택에 대한 소고(小考)

　소재는 주제를 뒷받침하며 글의 내용을 이루는 재료다. 소재는 우주의 진리에서부터 곤충의 생태에 이르기까지 인생문제, 사회문제, 생활과 학문 등 모든 것이 소재가 될 수 있다. 그러나 이러한 모든 소재를 소화하는 것은 세계적인 대가의 이야기다. 보통사람에겐 소재의 선택이 그 글의 성패를 좌우한다.
　이론적인 것, 학문적인 것, 관념적인 것을 피하고 생활의 실감에서 찾아야 한다. 작품이 되자면 독특하고 새로운 발견이 있거나 체험의 절규에서 묻어

나와야 한다. 평범한 생활 속에 묻혀 있으면서 아무도 발견하지 못한 것을 발견하면 참신한 수필이 될 수 있다.

'심재불언이면 시이불현하고 청이불문이다.(心在不焉 視而不見 聽而不聞)'라 했다. 마음에 있지 아니하면 보아도 나타나지 않으며, 들어도 들리지 않는다는 뜻이다. 모든 일을 유심히 들여다보면 하잘것없는 일 속에도 우주의 근원이 들어있음을 볼 수 있다.

윤모촌 님의 「오음실 주인」에서.

(…) 나무의 위치가 현관에서 꼭 2미터 반 지점에 서 있다. 잎이 무성하면 수돗가는 물론이고, 현관 안, 마루에까지 그늘을 드리워 여름 한철의 더위를 한결 덜어준다. 한 가지 번거로움이 있다면, 담을 넘어 이웃으로 뻗는 가지를 쳐주어야 하는 일이다. 더위가 한창인 8월에도 처서(處暑)만 지나면, 가지 밑의 잎들이 떨어져 내린다. 그래서 이웃으로 뻗은 가지를 쳐주어야 하는데 그럴 때마다 짐짓 오동나무가 타고난 팔자를 생각하게 된다. 바람을 타고 가던 씨가 좋은 집 뜰을 다 제쳐 놓고, 하필이면 왜 내 집 좁은 뜰에 내려와 앉았단 말인가.

한여름 낮, 아내가 수돗가에서 일을 할 때면, 오동나무 그늘에

나앉아 넌지시 얘기를 건넨다. 빈주먹인 내게로 온 아내를 오동나무에 비유하는 것이다.

"오동나무 팔자가 당신 같소. 하필이면 왜 내 집 뜰에 와 뿌리를 내렸을까."

"그러게 말이오, 오동나무도 기박한 팔자인가 보오. 하지만 오동나무는 그늘을 만들어 남을 즐겁게 해주지요, 우리는 뭐요."

"남에게 베풀지는 못해도 해는 끼치지 않고 분수대로 살아가는 것이 아니겠소."

구차한 살림 속에서 오동나무의 현덕(玄德) 만큼이나 드리워진 아내의 그늘을 의식한다.(…)

우연히 날아든 보잘것없는 풀 한 포기, 오동나무를 소재로 하여 오동나무와 제2의 소재인 아내를 비유해 글의 맛과 주제를 살린 글이라 하겠다. '우연히 오동나무 씨앗이 뜰 안, 수돗가에 날아와 싹을 틔워 자란다. '좋은 집 뜰을 다 제쳐놓고, 하필이면 왜 내 집 좁은 뜰에 내려와 앉았단 말인가.' 오동나무와의 인연과 아내와의 인연, 오동나무의 음덕과 아내의 음덕을 비유했다. 그러기에 아내의 대한 사랑과 연민과 고마움이 사랑한다는 한마디의 말 없이도 독자의 가슴에 훈훈한 부부의 정을 일깨워준다.

한기란 님의 「아침 거미를 보며」에서

　(…)화장실 문틀 기둥과 벽면 틈 사이에서 움직이고 있는 그것을 나는 주의 깊게 바라보았다. 그것은 위로 살금살금 움직여 가다가 아래로 뚝 떨어지다 다시 매달려서 조금씩 위로 올라가기를 반복했다. 무엇일까. 그 그림자 같은 물건은 실낱같은 것에 매달려 허우적거리고 있었다. 너무 작아서 뚜렷하게 보이지는 않지만 거미였다. 몸통은 있는 듯 없는 듯한데 가느다란 몇 개의 다리가 살아 움직이고 있는 것이 반가웠다. 새끼거미가 처음으로 세상 구경을 나왔나 보다.(…)

　이제 암벽에서 자일을 타듯 힘겹게 올라가던 거미는 거의 천장에 도달하려고 했다. 그 미미한 몸놀림 속에도 강인한 의지가 엿보인다. 오로지 움직이는 것이 삶의 본능일까. 성장의 표현일까.

　요즘 걸음마를 시작한 외손녀 승현이의 모습이 생각났다. 발육은 늦은 편도 아닌데 첫돌을 훨씬 넘기고서야 걷기 시작한 것이다. 그러기에 승현이가 불안한 발자국을 떼어 놓을 때마다 보는 가족은 환성을 올리고 제 딴에도 신기한지 휘청거리면서 흐뭇한 미소를 짓는다. 장한 듯 앞을 향해 걷지만 발길은 옆으로, 옆으로 옮기다가 주저앉는다. 그러면 오기로 더 일어서서 다시 걷는다.

차라리 기어가는 편이 사뭇 빠를 것 같다. 그러나 걷기 시작한 후로는 좀처럼 기어가는 일이 없다.
　내 생각에 사로잡혀 있는 동안 거미는 천장을 건너가고 있었다. 원대한 미래를 향해 서툰 걸음마를 익히는 승현이를 보는 심정으로 새끼거미의 행진에 마음속으로 격려의 박수를 보냈다. (…)

　무심히 지나칠 수 있는 일상의 작은 것에서 소재를 발견한 작품이라고 생각한다. '화장실 문틈 기둥과 벽면 사이에서 움직이고 있는 그것을 나는 주의 깊게 바라보았다.'를 기점으로 거미의 동작 하나하나를 살피는 과정을 그린다. 작가의 세심한 관찰력이 돋보인다.
　'몸통은 있는 듯 없는 듯한데 가느다란 몇 개의 다리가 살아 움직이고 있는 것이 반가웠다. 하찮은 작은 것(소재)에서 큰 느낌을 받는다. 새끼거미의 처음 세상 나들이와 외손녀의 첫걸음마를 비유해 미물인 거미까지도 외손녀를 사랑하는 마음과 똑같은 애정으로 바라보는 작가의 따뜻한 마음을 읽을 수 있다.' 소재의 탁월한 선택이다.

김광숙 님의 「간이역에서 도중 하차하다」에서

(…)나는 더 아름다운 미래를 꿈꾸며 튼튼한 삶의 레일 위를 달리고 있었다. 어느 날 내가 가려던 목적지에 미처 도달하지 못한 채, 내 의지와는 전혀 무관하게 달리던 열차에서 생소한 간이역에 도중 하차당했다. 나를 내려놓은 열차는 아무 일도 없었던 것처럼 그를 태우고 레일 위를 계속 달리다가 꼬리를 감추었다. 아득하게 이어진 빈 레일을 바라보던 그 황당함, 당혹함, 낭패감 그리고 억울함이 뒤범벅된 내 초라한 모습도 거기 생생하게 그려 있었다.(…)

소재의 역발상 작품이다. 삶과 죽음의 길에서 흔히 죽은 자가 도중 하차당했다고 한다. 그러나 작가는 죽은 자를 태운 열차를 계속 달리게 하고 산 사람을 도중하차시켰다. 역발상에서 오는 참신함과 작가의 탄탄한 글 솜씨가 독자를 숨 가쁘게 끌고 간다.

삶과 죽음의 무거운 소재를 역발상으로 신선함과 호기심을 주었다고 생각한다. 문학은 평범한 일상을 평범하지 않게 만드는 작업이라고도 한다. 이런 역발상도 시도해볼 만하다 하겠다.

음춘야 님의 「불빛」에서

 (…) 큰애가 고등학교 3학년이었을 때다. 밤마다 켜 있는 그 창문의 불빛과 씨름을 하면서 자신과 싸웠다. 어느 날 큰애가 그 불이 다 꺼지면 저도 자려고 했는데 3시가 지나도 한 집의 불빛은 꺼지지 않더라면서 씩 웃었다. "엄마 지독한 놈인가 봐." 그 말을 듣는 순간 나는 얼른 대답을 못했지만 두고두고 큰애가 믿음직스러웠다.(…)

 단 하나의 불빛을 선망과 질시의 눈으로 바라본 적이 있었다. 대학교 2학년 때 입주 가정교사로 중학교 남학생을 가르칠 때였다. 그 학생은 공부도 곧잘 하고 나를 친누나처럼 잘 따랐기 때문에 오랫동안 기거할 수 있기를 바랐고 무엇보다 저녁이면 반찬 있는 따뜻한 밥을 먹을 수 있다는 것이 더없이 즐거웠다. 그러나 3개월쯤 되었을까, 학생 어머니는 심각한 얼굴로 나를 불렀다. 늦은 밤에 내 기침하는 소리가 심상치 않다고 하면서 다른 가정교사를 구했다는 것이다.

 일찍이 객지 생활로 몸이 많이 쇠약해졌던 모양이다. 한마디 말도 못한 채 이불짐을 꾸려 시골집으로 떠날 때는 땅거미가 질 무렵이었다. 전등불이 하나둘 켜졌다. 한강다리를 건너 노량진에서 바라보는 남산 쪽은 온통 불빛이 하늘의 별처럼 반짝였다. 하지만 그 빛은 도깨비불보다 더 무서웠고 따뜻하고 아늑하게 느껴지던 창문의 불빛마저 얼음보다 더 차갑게 다가왔었다. 이불봇짐을 이고 칠흑같이 어두운 황톳길을 터덜터덜 걸어서 시골집에 닿 았을 때는 땀과 눈물로 범벅이 되어 있었다. 그때부터 서울의 창 가에 비친 무수한 불빛들은 내게 선망과 질투의 대상이 되었던 것이다.(…)

아들이 바라본 불빛과 자신이 경험한 불빛에 대한 이야기 를 담담하게 써내려갔다. 우리가 매일 보는 불빛이지만 그 불 빛은 보는 사람마다 각기 다른 불빛이 될 수 있다. 한 편의 수필은 몇 개의 에피소드가 모여 하나의 작품을 이룬다고 한 다. 평범한 소재이지만 자신의 경험에서 우러나오는 진솔한 이야기가 독자의 심금을 울린다.

박성숙 님의 「위대한 지휘자」에서

(…) 벼 이삭이 살랑대며 속삭이는 소리, 멀리 언덕에서 갈대 의 하늘거리는 소리, 나뭇잎 부딪는 소리도 멋진 화음으로 내게 왔다. 그뿐일까, 돌돌 흐르는 개울물, 백로의 시원스런 날갯짓, 풀벌레 울음, 작은 풀들이 내 발밑에서 아우성치는 소리도 조화 를 이룬 합창으로 들렸다. 산과, 들, 골짜기를 휘돌아 나오는 고 도의 창출된 소리들이 들에는 넘쳐났다.

벼 이삭이, 나뭇잎이, 갈대의 손짓이, 모두가 바람으로 인해 부딪는 소리였다. 작은 소리들이 합쳐서 신비스러우리만치 하모니를 이루고 있음을 아는 순간이었다. 이 거대한 무대의 조화로운 화음을 창출해내는 지휘자를 드디어 찾아냈다. 위대한 지휘자! 당신은 바로 '가을바람'이었다.

모든 사물에 대한 세심한 관심과 애정을 갖고 바라보는 작가의 심상이 좋은 작품을 만들어 냈다. 자연의 소리는 애정과 관심을 갖지 않으면 제대로 들을 수 없다. 각각의 자연의 소리를 음미하고 하모니를 이루는 소리를 즐긴다. 그리고 자연의 소리에서 그 소리를 내게 하는 '가을바람'이라는 지휘자를 드디어 찾아낸다. 바람을 의인화(擬人化)한 것도 좋았다.

서두에서 언급했듯, 마음에 있지 아니하면 보아도 나타나지 않으며 들어도 들리지 않는다고 모든 일을 유심히 들여다보면 하잘것없는 일 속에도 우주의 근원이 들어있음을 볼 수 있다. 수필의 소재 또한 세심한 관심과 애정을 갖고 보아야 발견할 수 있음을 박성숙 님의 '위대한 지휘자'에서 잘 나타냈다.

백수자 님의 「송아지 눈에 맺힌 눈물」에서

물 먹는 소 목덜미에/ 할머니 손이 얹혀졌다/ 이 하루도/ 함께 지냈다고/ 서로 발잔등이 부었다고/ 서로 적막하다고.

김종삼의 「묵화(墨畵)」를 읽을 때면, 나는 수년 전 돌아가신 시어머니를 떠올리곤 한다. 시어머님에 대한 그리움은 가슴에 사르르 흘러드는 냇물이었다가 천둥소리를 몰고 오는 소낙비가 되어 나를 적신다.(…)

첫 새벽, 소죽 쑤러 어머니가 문밖 샘에서 길어 오는 물 양동이에는 겨우내 얼음이 조롱조롱 매달려 있었다. 사랑방 무쇠솥에는 이른 새벽 쇠죽이 끓어 구수한 냄새가 나고, 고무신을 잘잘 끄는 어머니의 기척이 방안 식구들을 깨웠다. 툭툭 솔가지 꺾는 소리가 마루를 건너 윗방 아랫목으로 전해져 온다. 어머니가 한 차례 군불을 넣으신 거다. 등이 따끈해져 일어나기 싫었지만 어머니가 마당에서 쓱싹쓱싹 싸리 비질하는 소리엔 더 누워 있을 수가 없었다.(…)

유언하시던 날 어머니는 어미 소와 눈뜬 지 얼마 안 된 송아지를 걱정하셨다. 병석에 누워 있어도 그 눈은 늘 외양간의 소 발잔등을 쓰다듬는 것 같았다. 당신 손길 닿던 송아지도 어머니의 가시는 길을 아는지 그날은 큰 눈에 이슬을 달았다. 어머니 눈에도 눈물이 흘러내렸다.(…)

시(詩)에서 소재를 찾을 수도 있다. 김종삼의 묵화를 읽으면 시골에서 소를 사랑으로 키우며 소처럼 일만 하다 가신 시어머니를 떠올린다. 시어머니의 대한 사랑이 잔잔하게 묻어 나오는 글이다.

  수필은 흔히 인생의 낙수(落穗)라고도 한다. 추수 후, 논에 떨어진 이삭을 줍듯, 소설이나 시에서 미처 거두지 못하고 스쳐 지나간 것, 숨어 있는 가치 있는 소재를 발견한다. 그리고 자기 체험의 절규에서 묻어나오는 글로 표현한다. 이런 글은 좋은 수필이 될 것이다.

이농무 수필집

잃어버린 우산

2020년 8월 5일 초판 인쇄
2020년 8월 10일 초판 발행

지은이 / 이농무
발행인 / 강병욱

발행처 / 도서출판 교음사
편 집 / 隨筆文學社 出版部

03147 서울 종로구 삼일대로 457 수운회관 1308호
Tel (02) 737-7081, 739-7879(Fax)
e-mail : gyoeum@daum.net

등록 / 제2007-000052호

* 잘못된 책은 바꿔 드립니다. 값 12,000원

ISBN 978-89-7814-786-6 03810

이 도서의 국립중앙도서관 출판예정도서목록(CIP)은 서지정보유통지원시스템 홈페이지
(http://seoji.nl.go.kr)와 국가자료공동목록시스템(http://www.nl.go.kr/kolisnet)에서
이용하실 수 있습니다.(CIP제어번호 : CIP2020032808)

- 이 도서는 한국예술인복지재단의 창작준비금을 지원받아 제작되었습니다.